Die Ostkantone

Die Ostkantone

Die grüne Lunge Belgiens

GUIDO ELIAS

Ostkantone - Cantons de l'Est - Oostkantons
Belgien Belgique België
Willkommen Bienvenue Welkom

GEV

Guido Elias
DIE OSTKANTONE
ISBN 90-5433-033-3
NUGI 471

Satz und Lay-out: Griffo, Gent
Druck: Erasmus, Wetteren
Umschlagfoto: Verkehrsamt der Ostkantone
Umschlagentwurf: Jan Hendrickx

Vertriebspartner für Deutschland, Österreich und die Schweiz: Meyer & Meyer Verlag, Aachen

D/1994/3071/7

Vorwort

Die Ostkantone kennen wir vielleicht aus den Unterrichtsbüchern. Wenn wir sie nicht vergessen haben, dann haben wir das dem unvermeidlichen Schulausflug im Frühling zu verdanken, der so manchen Jugendlichen zum höchsten Punkt Belgiens geführt hat: zum Signal de Botrange, 694 Meter über dem Meeresspiegel!

Es klang spektakulär in unseren Ohren, daß das Grenzgebiet, das immer wieder von Franzosen und Deutschen heiß umkämpft war, letztendlich am Ende des Ersten Weltkrieges belgisches Hoheitsgebiet wurde. Wer seitdem aus eigener Initiative bei den deutschsprachigen Belgiern gewesen ist, kehrt voller Lob wieder nach Hause zurück. Der Autor, Guido Elias, ist also keine Ausnahme. Seine Bewunderung weicht höchstens durch den Umfang und die Genauigkeit, womit er diese Eindrücke zu einem gut leserlichen Führer bündelte, von der Bewunderung des Normalbürgers ab. Er fährt durch den schönen Hertogenwald, genießt das Wanderparadies Robertville, radelt durch die Wiesenlandschaft des Göhltals, bummelt durch die Eupener Innenstadt an den Patrizierhäusern vorbei, begegnet Angler in Ligneuville und stellt fest, wie Deutsche aus Steuergründen das Töpferdorf Raeren als Schlafstätte entdeckt haben. Der Leser hat einen sehr vielseitigen Führer in der Hand, mit sehr praktischen Erklärungen über Freizeitmöglichkeiten während eines solchen Aufenthaltes, Sportinfrastruktur in den Ostkantonen, die Geschichte des Gebietes, kulturelle und folkloristische Veranstaltungen.

Somit bietet dieser Führer zahlreiche Tips für einen Kurzaufenthalt. Guido Elias schlußfolgert, daß die Naturschönheit der Ostkantone das Umweltbewußtsein anregt. Allein deshalb sind die Ostkantone eine Reise wert.

Dieses Gebiet –größenteils deutschsprachig– befindet sich im Osten der Provinz Lüttich und umfaßt die Kantone Eupen, Malmedy und St. Vith.

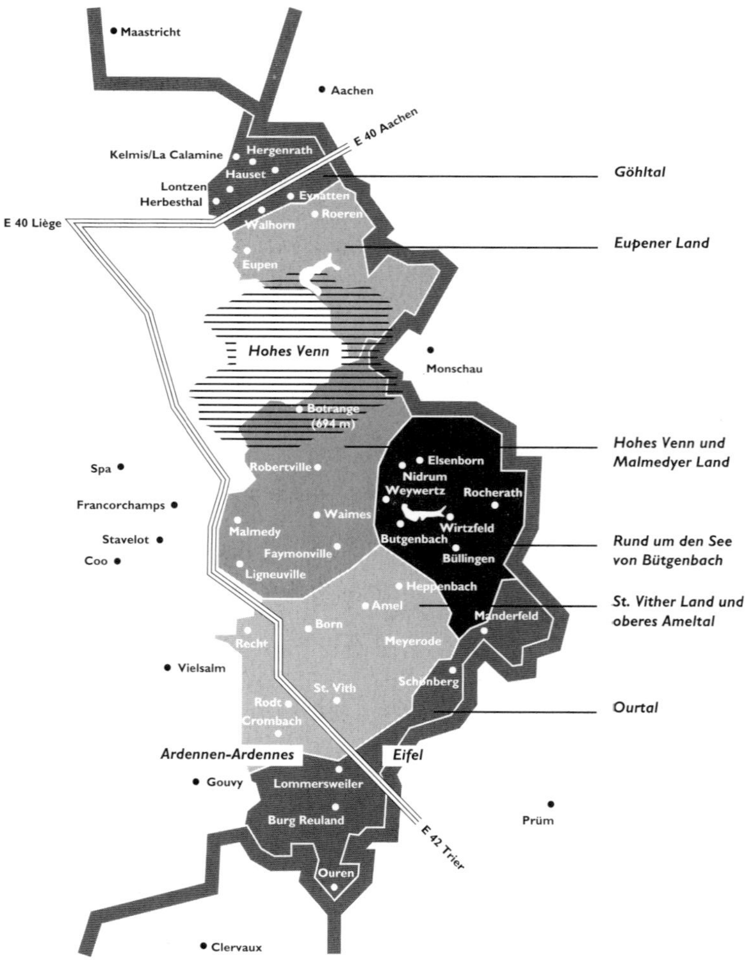

Die Ostkantone: eine Leidenschaft

Ich war neunzehn Jahre alt und man hatte mir gerade ein kleines Auto geschenkt, mit dem ich – um mir etwas Fahrerpraxis anzueignen – in der Umgebung von Gent herumfuhr, bevor ich größere Fahrten unternahm. Diese führten mich zunächst einmal entlang Flanderns Wege und vereinzelte Male auch über die Sprachengrenze hinaus. Die erste große Rundfahrt führte kurz über die deutsche Grenze ins malerische Monschau. Die Straße dorthin befindet sich auch heute noch, zwanzig Jahre später, im gleichen Zustand und führt von Eupen aus quer durch die schönste Natur des Hertogenwaldes. Sie ist umso schöner, wenn der Herbst die Bäume bunt färbt. Auch heute noch stehe ich voller Bewunderung vor dieser natürlichen Schönheit, obwohl Stürme und Krankheiten den Baumbestand leider Gottes in Mitleidenschaft gezogen haben. Obwohl ich dutzende Male diesen Weg gefahren bin, entdecke ich immer wieder neue Panoramen und Weitsichten. Während einer dieser Ausfahrten ließ ich den Hertogenwald im wahrsten Sinne des Wortes links liegen und folgte dem Weg nach Malmedy. Es wurde ein grandioses Entdeckungsabenteuer über eine der höchstgelegenen Straßen unseres kleinen Landes. Sie führte mich quer über die Hochebene des Hohen Venns und die höchsten Erhebungen des Landes, um viele Kurven weiter ins reizende Städtchen Malmedy zu gelangen, das in einem beeindruckenden Talkessel liegt. Auch diese Strecke sind wir später dutzende Male gefahren, aus dem einfachen Grund, weil wir nicht genug 'atmen' konnten von dieser Pracht der Natur.

Wahrscheinlich ist hier meine Vorliebe für dieses Gebiet, für die Ostkantone, gewachsen – eine Vorliebe, die sich zu einer wahren Leidenschaft entfaltete, desto öfter ich das Gebiet durchkreuzte. Eine Leidenschaft, die mich wahrscheinlich für immer und ewig im Griff halten wird, denn immer wenn ich Menschen kennen lernte, hatte ich eine riesige Bewunderung für die bewegte Geschichte, die sie erleben mußten, die sich jedoch nicht als ein Hindernis erwies, um auf eine einfache, aber ergreifende Weise Gastfreundschaft zu zeigen. Und dann wäre da noch die immer und überall präsente fast unversehrte Natur. Um nachdenklich zu werden!

Es ist nicht die Absicht dieses Buches, Ihnen die Ostkantone bis ins Detail vorzustellen. Zehn Enzyklopädien würden dazu nicht einmal ausreichen. Ich möchte Sie nur einmal kosten lassen von einem oft noch weniger bekannten

Stückchen Belgien, ein anderes Belgien, in dem zum Großteil Deutsch gesprochen wird, in dem der Tourismus den Lebensstandard bestimmt, in dem das oft ungestüme Leben Tag für Tag ruhig weiterläuft. Ich habe nach vielen Rundfahrten versucht, eine Zusammenfassung der wichtigsten Aspekte des Lebens in den Ostkantonen zu erstellen. Und Sie, lieber Leser, werden mir sicherlich die eine oder andere Unvollkommenheit verzeihen. Ich wünsche Ihnen bei Ihren Entdeckungsfahrten durch die Ostkantone gerne ein unruhiges Gemüt, denn das ist noch immer der beste Leitfaden für eine Entdeckung.

Die Einteilung des Buches richtet sich nach den sechs geografischen Regionen, wie sie das Verkehrsamt der Ostkantone vorstellt. Einige typische Themen haben wir etwas eingehender bearbeitet. Museen wurden in der Rubrik 'Sammelwut' aufgenommen, während wir bemerkenswerte Legenden unter der Rubrik 'Die Wundergeschichte' unterbrachten. Ich hoffe mit diesem Buch den Worten Matthias Claudius' gerecht zu werden: 'Wenn jemand eine Reise tut, so kann er was erzählen'.

Bleibt mir noch denjenigen zu danken, die mir mit Rat und Tat zur Seite gestanden haben bei der schweren Geburt des 'Visum-Führers'. Aus Furcht jemanden zu vergessen weil die Liste viele Seiten in Anspruch nehmen würde erwähne ich lieber keine Namen. Sie sollten jedoch wissen, daß ich ihnen sehr dankbar und zugeneigt bin.

Eine Person möchte ich dennoch erwähnen: Manfred Dahmen, Direktor des Verkehrsamtes der Ostkantone. SeinEntgegenkommen, seine Hilfsbereitschaft sowie auch die Hilfsbereitschaft seiner Mitarbeiter zu den unmöglichsten Zeiten, haben letztendlich dazu geführt, daß dieses Buch erscheinen konnte. Ich bin ihnen zu großem Dank verpflichtet.

GUIDO ELIAS

1. MÄRZ 1994

Für meine Eltern und für Nathalie

Eine bunte Naturpalette

Im äußersten Osten unseres Landes, in unmittelbarer Nähe der niederländischen, deutschen und luxemburgischen Grenze erstrecken sich über eine Fläche von ungefähr 854 km^2 die Kantone Eupen und St. Vith, die die Deutschsprachige Gemeinschaft bilden. Zusammen mit dem Kanton Malmedy bilden sie die sogenannten Ostkantone. Landschaftlich überwiegt hier das Hochplateau, wenn auch wesentliche Unterschiede bestehen zwischen dem Gebiet nördlich von Eupen, das als Hauptstadt der Deutschsprachigen Gemeinschaft gilt, und den Gegenden, die sich südlich dieser mit Leben erfüllten Stadt befinden, bestehen.

Der eine Teil lehnt sich an das Herver Plateau an und erreicht eine durchschnittliche Höhenlage von 300 Metern. Die vielen Flußläufe und Seitenfüßchen von Maas und Weser sorgen für feuchte und reiche Landbauerde. Wälder sind hier eher eine Seltenheit. Der andere Teil tendiert zu den Ardennen hin. Hier überwiegt das rheinländische Schiefermassiv, das am 'Signal de Botrange' mit einer Höhenlage von 694 Metern die höchste Erhebung unseres Landes bildet. Eine Höhenlinie verläuft von hier aus entlang der deutschen Grenze bis zum 'Weißen Stein' (692 m); sie führt über Elsenborn, Mürringen, Hünningen und Rocherath, das mit einer durchschnittlichen Höhenlage von 650 Metern das höchstgelegene Dorf Belgiens ist. Die Erosion durch Flüsse wie Weser, Amel, Our und deren Seitenläufe hat hier während vieler zehntausend Jahre zum Teil recht tiefe Einschnitte in die hochgelegene Landschaft bewirkt.

Eine bewegte Vergangenheit

Grenzgebiete gelten oft als ein Spielball zwischen den Nationen. Dadurch haben sie oft eine bewegte Geschichte hinter sich. Dies gilt auch für die Ostkantone, wo die lokale Bevölkerung – gegen ihren Willen – öfter Land und Region wechselte.

Vor den Stürmen der Französischen Revolution war Eupen Teil des Herzogtums Limburg, bildete Malmedy mit Stavelot eine Fürstabtei und gehörte St. Vith zum Herzogtum Luxemburg.

Durch die mit der Revolution verbundenen Umwälzungen wurden diese drei Gebiete 1794 durch französische Truppen besetzt, um 1795 erst vereinigt und dann dem Ourthe-Departement einverleibt zu werden. Als Sitz wählte man die Präfektur Lüttich.

Als Napoleon endlich definitiv nach St. Helena verbannt war, beschloß der Wiener Kongreß (1815) über die Zukunft dieser Region. Die europäischen Großmächte bestimmten, daß Preußen das Rheinland mit den heutigen Kantonen Eupen, Malmedy und St. Vith erhalten werde. Auf dem Kongreß wurde weder den kulturellen noch den sprachlichen Eigenheiten der Region Rechnung getragen. So wurde ein französischsprachiges, wallonisches Gebiet (Malmedy) plötzlich Teil des deutschsprachigen Preußens. Eine andere gleichzeitige Folge dieses Beschlusses: deutschsprachige Limburger aus Montzen und Aubel wurden dem niederländischen Königreich angegliedert, um einige Jahre später, dem gerade gegründeten belgischen Königshaus zugesprochen zu werden. Doch bedurfte es einiger Zeit, bis dieses Abkommen zwischen Preußen und den Vereinigten Niederlanden zustande kam. Es blieb nämlich ein Streitpunkt bestehen: die Altgemeinde Kelmis. Die beiden Nationen führten um diesen Ort in der Tat einen erbitterten Streit wegen des reichen Bodens, in dem sich die bedeutenden Zinkminen der 'Vieille Montagne' befanden. 1816 kam es aber zu einem bemerkenswerten Kompromiß, so wie es deren in der heutigen belgischen Politik viele gibt. Es wurde beschlossen, das Grundgebiet von Moresnet in drei Teile aufzuteilen. Ein Teil ging an Preußen, ein anderer an die Niederlande (ab 1830 Belgien) und ein dritter Teil galt als neutrales Gebiet, nämlich jener Teil, in dem sich das Galmeibergwerk (Zinkerz) befand. Neutral-Moresnet sollte während eines Jahrhunderts als neutrales Gebiet erhalten bleiben. Die 256 Einwohner, die das Dorf 1816 zählte, besaßen ein besonderes Statut. Sie waren vom Militärdienst freigestellt, bezahlten sehr wenig Steuern und kannten wirtschaftlichen Wohlstand dank der vielen Aktivitäten der 'Société Anonyme des Mines et Fonderies de Zinc de la Vieille Montagne'. Weiteres darüber an einer anderen Stelle dieses Buches.

Ab 1815 wurden Eupen, Malmedy und St. Vith getrennte Landkreise in Preußen. 1821 wurde St. Vith allerdings mit dem Landkreis Malmedy zusammengelegt. Unter den Gewitterwolken des Deutsch-Französischen Krieges ging das Leben nun ruhig weiter. Bis 1870 blieb das Französische immer die Hauptsprache Malmedys, das sich einer blühenden Industrie erfreuen konnte: Leder, Papier und Möbel. Der deutsche Kaiser prahlte gelegentlich damit, daß in seinem Reich auch Französisch gesprochen werde, welches in jener Zeit übrigens die oft übliche Sprache an europäischen Königshöfen war.

Der wachsende Nationalismus trübte jedoch schnell die Stimmung und 1879 wurde Deutsch in der Primarschule von Malmedy als Pflichtsprache eingeführt. Der französischsprachige Unterricht wurde 1889 hier sogar ganz abgeschafft. Die Reaktionen der wohlhabenden Bürger und des Klerus ließen da nicht lange auf sich warten, sie waren jedoch vergebens. In Eupen fand das umgekehrte Phänomen statt. Anfangs wurde die preußische Vorherrschaft zögernd und sogar schwermütig angenommen, vor allem aus Furcht vor einem wirtschaftlichen Rückfall. Nach der Vereinigung stärkte sich das Gefühl der Zugehörigkeit zur deutschen Nation und Kultur schlagartig. Die deutsche Sprache wurde in diesem Jahrhundert Amts-, Klerus- und Unterrichtssprache.

Das Ende des ersten Weltkrieges und die deutsche Niederlage bringen für die Ostkantone bedeutsame Folgen mit sich. Der Vertrag von Versailles, geschlossen am 28. Juni 1918, bestimmt unter anderem, daß Deutschland die Kreise Eupen und Malmedy dem belgischen Königreich überläßt und die vollständige Souveränität Belgiens über diese Gebiete anerkennt. Moresnet (sowohl ein Teil des preußischen Gebiets als auch das neutrale Gebiet) wird bedingungslos zu Belgien geschlagen. Eine internationale Kommission soll die neue Grenzlinie festlegen.

Dennoch werden die Kantone nicht ohne Weiteres annektiert. Das Königreich Belgien hielt bei seinen neuen Bewohnern eine Volksbefragung ab. Diese bestand darin, daß während sechs Monaten zwei Register ausgelegt wurden, eines in Eupen und eines in Malmedy. Wer gegen die Annektierung war, mußte im Register unterschreiben. Die Befragung begann am 26. Januar 1920, und alle Einwohner über 21 Jahre, die am 1. August 1920 in der Region wohnten, konnten daran teilnehmen. So konnten 33.726 Stimmberechtigte ihre Meinung kundtun. Aber nur 271 Personen, 61 in Malmedy und 209 in Eupen, stimmten gegen die Bestimmungen des Vertrages von Versailles. Ein merkwürdiges Resultat, das heftig angefochten wurde, nicht zuletzt durch die deutschen Verlierer. Einerseits gab es Fahrprobleme nach Malmedy und Eupen, durch die viele Stimmberechtigte Probleme hatten, zur Unterschrift des Registers zu erscheinen. Andererseits wurde auch viel bürokratischer Druck ausgeübt mit dem Ziel, Gegner des Vertrages zu entmutigen. Trotz wiederholter deutscher Proteste erklärte der Rat des Völkerbundes die Angliederung von Eupen und Malmedy an Belgien am 20. September 1920 für offiziell.

Schon bevor das Resultat der Volksabstimmung bekannt war, hatte Belgien eine vorläufige Regierung über diese Gebiete gebildet. General Baron Baltia, vertraut mit der Region, mußte angesichts seiner Sprachkenntnisse und der Kenntnisse der Mentalität der lokalen Bevölkerung die Übergangsregelung vor Ort ausarbeiten. Das belgische Parlament hatte übrigens schon am 15. September 1919 durch Gesetz für die Region den Erhalt der deutschen Sprache (auf der gleichen gesetzlichen Basis wie die französische Sprache) sowie die Religionsfreiheit und den Erhalt der sozialen Sicherheit gewährleistet. 1921 erfolgte die Spaltung von Eupen-Malmedy in drei Kantone. St. Vith wurde ein eigenständiger Kanton. Die definitive Integration der Ostkantone wurde im Gesetz vom 6. März 1925 festgelegt. Seitdem gehörten die drei Kantone dem Bezirk Verviers an. Am 31. Mai desselben Jahres endet der Regierungsauftrag von General Baltia.

Und doch schienen nicht alle Probleme gelöst. Dies geht aus einer Analyse der Parlamentswahlen dieses Jahres hervor. Die Katholische Partei holte bei diesem Urnengang aus dem Jahre 1925 die absolute Mehrheit mit 66,51% der Stimmen, fiel aber bei der nächsten Parlamentswahl, 1929, auf 19% zurück und machte somit Platz für eine neu entstandene Partei, die sich für die Verbreitung der deutschen Sprache und Kultur einsetzte. Diese neue Christliche Volkspartei erhielt sogar finanzielle Unterstützung von der Weimarer Republik und später auch von den Führern des Dritten Reiches. Als der Nazismus sich jedoch immer mehr verbreitete, entstand als Reaktion dagegen die Katholische Union. 1939 spricht mehr als die Hälfte der Bevölkerung sich erstmals gegen eine Rückkehr nach Deutschland aus.

Und doch scheint die Annektierung unvermeidlich, als der zweite Weltkrieg ausbricht. Die deutschen Truppen besetzen ohne nennenswerte Probleme Eupen-Malmedy, und am 18. Mai 1940 erklärt Hitler die Angliederung der Ostkantone an Deutschland und an das Rheinland zu einer vollendeten Tatsache. Deutsche Gesetze ersetzen ab sofort und ohne Übergangsregelung die belgischen. Der Unterricht verläuft nun einsprachig deutsch, und nur die Lehrkräfte, die den Eid der Treue auf Hitler schwören, behalten ihren Arbeitsplatz. Anfangs scheint ein Teil der Bevölkerung für die Annektierung zu sein. Aber nach 1942, als der totale Krieg herrscht, kehrt sich die Situation um. Menschliche Arbeitskräfte und Betriebe werden eingefordert, um die deutsche Kriegsmaschine in Gang zu halten, und viele Männer aus den Ostkantonen sterben auf russischen Schlachtfeldern. Zu Kriegsende fordert die 'Von-Rundstedt-Offensive' mit vielen Toten noch einen schweren Zoll. St. Vith wurde total verwüstet, Malmedy teilweise.

Nach den Kriegsschrecken folgen für viele Bewohner der Ostkantone die Repressionsschrecken. Die belgische Regierung setzt 1946 für die Region ein eigenes (militärisches) Kriegsauditorat und zwei Kriegsräte ein. Die Maßnahmen, die diese ergreifen, sind nicht zimperlich für die bereits so schwer betroffene Bevölkerung. Beamte und Personen, die im Dienste der deutschen Besetzer standen, mußten schwere Sanktionen (auch Verwaltungsstrafen) über sich ergehen lassen. Es entstanden spezielle Schulen für Zwölf- bis Sechzehnjährige, und die administrativen Aufgaben in den Gemeinden wurden meistens von französischsprachigen, belgisch gesinnten Beamten wahrgenommen, die dem Empfinden der Deutschsprachigen nicht immer Rechnung trugen.

Die PSC gewinnt daraufhin die Parlamentswahlen für die Periode 1946-49 und beantragt den Erhalt der deutschen Sprache für das Gebiet. Aber die PSC, obschon sie Sieger der Wahlen war, landet in der Opposition und kann ihren Standpunkt nicht durchsetzen. Der Ruf nach Autonomie klingt dann auch immer stärker in den deutschsprachigen Kantonen.

Es dauerte aber noch bis im Jahre 1963, ehe am 30. Juli ein Gesetz in Kraft trat, das die deutsche Sprache für die Kantone Eupen und St. Vith offiziell als Hauptsprache mit einer geschützten französischsprachigen Minderheit anerkannte, während Malmedy als französischsprachiges Gebiet mit einer geschützten deutschsprachigen Minderheit anerkannt wurde. Der erste Schritt in Richtung Deutschsprachige Gemeinschaft war damit getan.

Die dritte Verfassungsabänderung während der Legislaturperiode 1968-71 bringt u.a. eine Anpassung des alten Artikels 3 des Grundgesetzes mit sich. Artikel 3bis (heute Artikel 4) bestimmt, daß Belgien fortan vier Sprachgebiete zählt; darunter auch das deutsche Sprachgebiet. In Artikel 3ter (heute Artikel 2) ist die Rede von drei Kulturgemeinschaften bzw. Gemeinschaften: der französischen, der niederländischen und der deutschsprachigen.

Der nächste Schritt war die Gründung des Rates der Deutschen Kulturgemeinschaft am 10. Juli 1973. Er besteht aus 25 Mitgliedern, die von den Deutschsprachigen aus Amel, Büllingen, Burg-Reuland, Bütgenbach, Eupen, Kelmis, Lontzen, Raeren und St. Vith gewählt werden. Die Parlamentarier und Provinzialräte aus dem deutschsprachigen Gebiet haben hier eine beratende Stimme.

Die vierte Verfassungsreform, die in der Periode 1978-1983 durchgeführt wird, mündet in die gesetzliche Gründung des Rates der Deutschsprachigen Gemeinschaft und der von ihm gewählten Exekutive (später Regierung). Der Rat zählt 25 Mitglieder, die von den Wählern der neun deutschsprachigen Gemeinden für eine Periode von zuerst vier und jetzt fünf Jahren direkt gewählt werden. Die ersten Wahlen fanden am 26. Oktober 1986 statt. Die fünfte Staatsreform im Jahre 1993 brachte die Vollendung der föderalen Struktur mit sich.

Die Regierung hat als Aufgabe, die Dekrete auszuführen, den eigenen Haushalt zu verwalten und die Politik der Gemeinschaft zu koordinieren. Die Regierung kann sich für die praktische Ausführung dieser Aufgabe auf ein Ministerium berufen. Um ihre Ziele zu erreichen, verfügt die Regierung über finanzielle Mittel, die aus der Zurverfügungstellung einer Dotation des Föderalstaates, der Rückerstattung bestimmter Steuern (Rundfunk- und Fernsehgebühren) und möglichen Eigeneinnahmen bestehen. Die Befugnisse wurden auch festgelegt; sie umfassen die Kultur (Schöne Künste, Jugend- und Erwachsenenbildung, Sport, Tourismus, Rundfunk und Fernsehen), das Unterrichts- und Ausbildungswesen, die personenbezogenen Angelegenheiten (Familie, Gesundheit und Soziales) sowie die wissenschaftliche Forschung.

Die weitgehende Autonomie hat mit Sicherheit dazu beigetragen, daß die Deutschsprachigen sich hervorragend – und vielleicht sogar besser als alle anderen – im belgischen Staatssystem integriert fühlen. Oft stellen Außenstehende fest, daß in den Ostkantonen die einzigen wahren Belgier leben, da hier die meisten Bewohner recht gut die drei Landessprachen beherrschen. Führende politische Kommentatoren und viele andere Gesprächspartner, mit denen wir uns während unserer Erkundungen unterhalten durften, konnten dieser Meinung nur beipflichten.

Das Göhltal

Stattliche alte Bauernhöfe, Burgen und Schlösser, ausgedehnte Wiesenlandschaften, umzäunt von grünen Hecken und zwischendurch kleine, liebliche, oft hinter weichen Hügeln versteckte Dörfchen mit dahinplätschernden Bächen und ein Flüßchen, die Göhl, die unweit der belgisch-deutschen Grenze im Weiler Lichtenbusch, einen Katzensprung von Aachen entfernt, entspringt. Dieser Fluß fließt durch Hauset, Hergenrath, Neu-Moresnet nach Epen in die Niederlande. Der Fluß ist vor allem wegen seines hohen Zinkgehaltes bekannt. Es war das Zink, das in vergangenen Zeiten dieser Region großen Reichtum brachte. Das Göhltal ist wie ein märchenhafter Ausläufer der Voerstreek, ein Gebiet, das sich in großem Maße vom nahen Hohen Venn unterscheidet. Ein ideales Gebiet für Erkundungen mit dem Fahrrad oder mit dem Auto.

Kelmis

Quasi auf der niederländischen und der deutschen Grenze befindet sich die ausgedehnte Gemeinde Kelmis (im Französischen: La Calamine). Mit knapp 10.000 Einwohnern gilt sie sogar als das zweitwichtigste Zentrum Ostbelgiens. Ausgedehnte Wälder, wie der Preuswald, der Emmaburger und Hergenrather Wald, sind ein Paradies für viele Wanderer, die oft von jenseits der nahen Grenze kommen. Kelmis fusionierte 1977 mit Hergenrath und Neu-Moresnet, konnte seitdem den ländlichen Charakter wahren, obwohl der Ort zu einem wichtigen Geschäftszentrum heranwuchs. Die Gastfreundschaft der örtlichen Bevölkerung ist bekannt und hat zweifellos auch mit der internationalen Lage dieser Gemeinde zu tun. Entstanden ist Kelmis durch das große unterirdische Galmei- und Erzvorkommen. Dieses gab der nördlichsten Gemeinde Ostbelgiens auch ihren Namen Kelmis, abgeleitet von 'Keleme', der Dialektbezeichnung für Galmei, d.h. Zinkerz.

Die bedeutenden Zinkvorräte im Boden galten lange Zeit zu den wichtigsten Vorkommen Europas. Diese Reichtümer wurden wahrscheinlich bereits von den Römern ans Tageslicht befördert. Generationen Kunstschmiede aus der Region zwischen Maas und Rhein waren Jahrhunderte lang von diesen wertvollen Bodenschätzen abhängig. Das Galmeigebiet, das über eine bemerkenswerte und seltene Flora verfügt, wurde zunächst von der Stadt Aachen und später von den burgundischen Herzögen verwaltet. Von 1837 bis 1951 förderte die 'sa de la Vieille Montagne' das Zinkerz. Doch bereits Ende des vergangenen Jahrhunderts, im Jahre 1884, stellten Ingenieure fest, daß die Vorräte in Kelmis berenzt waren. Während mehr als hundert Jahren war das Gebiet um den sogenannten Altenberg sehr umstritten. So entstand nach dem Wiener Kongreß ein unabhängiger Ministaat mit dem Namen Neutral-Moresnet, der vom Jahre 1816 bis zum Jahre 1919 bestand. Mehr dazu im weiteren Verlauf des Buches.

MILLIONEN DAHLIEN. Zu den wichtigsten Sehenswürdigkeiten gehören, neben dem Göhltalmuseum, die Rochuskapelle in Neu-Moresnet und die Eyneburg in Hergenrath. Die Rochuskapelle wurde zu Ehren des hl. Rochus, Schutzpatron gegendie Pest errichtet. Die erste Quelle, die die Kapelle erwähnt, stammt aus dem Jahre 1646. Später wurde das Gotteshaus mehrmals verwüstet, jedes Mal jedoch auf Drängen der Bevölkerung wiederum restauriert. Bei dieser Kapelle steht ein bemerkenswerter Lindenbaum. Die Eyne- oder Emmaburg wurde auf einem Hügel auf dem linken Ufer der Göhl gebaut und stammt aus dem Ende des 13. oder dem frühen 14. Jahrhundert. Sie wurde Ende des neunzehnten Jahrhunderts renoviert und vergrößert und erhielt den Namen Emmaburg. Dieser Name weist auf Emma, die Tochter Karls des Großen, hin, die der Legende nach in dieser Burg gewohnt haben soll. Seit dem Jahre 1955 ist die Burg im Privatbesitz der 'Westdeutschen Kalkwerke'.

Hergenrath wurde jedoch vor allem wegen seines zweijährlichen Blumenkorsos bekannt. Der Zug zieht jeweils im August der ungleichen Jahre durch die Straßen. An diesem Umzug nehmen zirka tausend Musiker und Statisten sowie ein dutzend Prunkwagen, die mit rund einer Million Dahlien geschmückt sind, teil.

HAMMERBRÜCKE. Mit Hauset, einem kleinen idyllischen Dörfchen an der Grenze zu Aachen, das 1250 zum ersten Mal in einer Urkunde erwähnt wurde, teilt sich Hergenrath die bekannte Hammerbrücke. Diese älteste Eisenbahnbrücke der Ostkantone stammt aus dem Jahre 1843. Der Geschichte dieser Brücke könnte man problemlos ein ganzes Buch widmen. Passagiere des Schnellzugs Ostende-Köln, der täglich mehrmals über diese beeindruckende Brücke fährt, sind sich dessen mit Sicherheit nicht bewußt. Die Brücke bildet ein lebenswichtiges Glied im Eisenbahnverkehr zwischen Deutschland und dem Westen. Es war ein Bauherr aus Darmstadt, Georg Moller, der diesen beeindruckenden Viadukt vor gut anderthalb Jahrhunderten errichtete. Sie wurde nach zwei Jahren intensiver Arbeit ihrer Bestimmung übergeben und galt mit einer Länge von 206 Metern und einer Höhe von 36 Metern einige Jahre lang als die höchste Brücke Deutschlands. Durch diese Zugverbindung rückten Deutschland und Belgien, genau wie Schelde, Maas und Rhein wirtschaftlich einander näher.

Nicht immer friedlich war es an der Hammerbrücke. Am 10. Mai 1940, beim Einmarsch der deutschen Truppen, sprengte die belgische Armee das doppelgleisige Bauwerk mit 153 Kg TNT (entsprechend 1500 Kg Dynamit). Neun belgische Grenzsoldaten wurden unter den Trümmern begraben, nur einer konnte lebend geborgen werden.

Die Deutschen erichteten 1940 zunächst eine, 1944 eine zweite Brücke, die sie dann am 12. September 1944 vor den anrückenden alliierten Truppen sprengten. Zuvor, am 23.Mai 1944, waren acht deutsche Soldaten durch alliierte Jagdbomber getötet worden.

Eine schlichte Gedenktafel auf einem Mittelpfeiler erinnert an die tragischen Kriegsgeschehnisse. Seitdem ist es im Tal der Göhl ruhig geworden.

Die Ortschaft Hauset weist noch mehrere Sehenswürdigkeiten auf: die alte Rochuskapelle, vermutlich im 17. Jahrhundert zu Ehren des hl. Rochus, Schutzpatron gegen die Pest, erbaut. In unmittlebarer Nähe befindet sich der alte Bauernhof 'Gut Großhaus'. Nicht mehr zu sehen sind die Reste einer alten Wasserburg, die der Sage nach eine Raubritterburg war.

Im Wald an der belgisch-deutschen Grenze nahe dem frühreren Zollamt Hauset-Köpfchen bilden die 'Zyklopensteine', die wie 'schlafende Riesen' aussehen und einige Millionen Jahre alt sein dürften, ein interessantes Ausflugziel. Entlang der Grenze zwischen Hauset und der Stadt Aachen, dem 'Landgraben', kann der aufmerksame Wanderer mehrere Arten füherer und heutiger Grenzsteine entdecken.

Das Schloß Thor im Göhltal, im Gebiet von Burgen und Burghöfen.

EYNATTEN. Eynatten, auf halber Strecke zwischen Eupen und Aachen, gibt den Anschein eines verschlafenen Dörfchens, das von einer viel befahrenen Hauptstraße in zwei geschnitten wird. Hinter oft hohen Hecken verstecken sich die in der weiten Wiesenlandschaft verstreuten Bauernhöfe. An vergangene Zeiten erinnern die Ruinen der ehemaligen Wasserburg Raaf. Der Turm, der von Wassergräben und Weihern umgeben ist, ragt wie drohend in den Himmel hinein. Ein ideales Dekor für einen Raubritterfilm. Andere Sehenswürdigkeiten sind u.a. das Amstenrather Haus (16. bis 17. Jahrhundert), die Kapelle auf Berlotte (erbaut 1722, 1907 erweitert) zu Ehren der heiligen Familie sowie die 1707 errichtete und 1954 nach einem Brand um zwei Seitenschiffe vergrößerte Pfarrkirche.

BLEIGRUBEN. Ein ganz besonderer Ort ist die Gemeinde Lontzen, die mit der Gemeinde Walhorn fusionierte und seitdem aus den Orten Lontzen, Astenet, Herbesthal, Rabotrath und Walhorn besteht. Lontzen ist eine landwirtschaftlich geprägte Gemeinde, denn dort gibt es noch 121 Bauernhöfe. Auf dem Grundgebiet der Gemeinde Lontzen wurden Keramikreste aus der ersten Hälfte des zweiten Jahrhunderts gefunden – ein Beweis dafür, daß es hier einmal eine römische Siedlung gegeben haben muß. Eine Urkunde aus dem Jahre 1076 des Kaisers Heinrich IV erwähnt die Schenkung der drei karolingischen Königshöfe Walhorn, Lontzen und Mesch an die Aachener Marienkirche. Die Schlösser 'Großhaus' und 'Kirchhaus' (Krickelshausen oder Kleinhaus) sind stille Zeugen der Vergangenheit und unterstreichen den hohen Stellenwert, den Lontzen

Schloß Thor: Innenhof.

damals einnahm. Im späten Mittelalter, seit dem 15. Jahrhundert, gab es in Lontzen Zink- und Bleigruben. Und es wurde auch Zinn und Eisen ans Tageslicht gebracht. Die letzte Grube schloß erst 1935 die Tore. Das alte Schloß Lontzen liegt inmitten eines wunderschönen Parks an der Schloßstraße. Es wurde 1986 nach einem schweren Brand im Jahre 1972 restauriert und ist seitdem mit Sicherheit einen Umweg wert. Sehr schön ist auch der Lindenplatz im Dorfzentrum – ein Platz, der Ruhe ausstrahlt.

SAMMELLEIDENSCHAFT

DAS GÖHLTALMUSEUM IN KELMIS. In einem sehr schönen Herrenhaus, das 1909 von dem Filztuchfabrikanten Reinhard Bruch nach Plänen des Architekten Eversheim erbaut wurde, fand 1984 das Göhltalmuseum eine Bleibe. Die Familie Bruch wohnte hier bis zum Jahre 1950. 1962 konnte die Gemeinde Neu-Moresnet die Villa erwerben und benutzte sie zunächst als Rathaus, bis am 6. Oktober 1984, nach vielen Renovierungs- und Umbauarbeiten, das Göhltalmuseum dem Publikum zugänglich gemacht wurde.

Das Göhltalmuseum bietet eine historische Übersicht der Dörfer, die das Göhltal bilden. Die Göhl entspringt in Lichtenbusch und mündet 56 Kilometer weiter in die Maas, unweit des niederländischen Örtchens Itteren.

Die Ausstellung wurde nach zwei Schwerpunkten aufgebaut. Einerseits befaßt sie sich mit der reichen Geschichte der Zinkminen in Kelmis und Umgebung. Andererseits geht sie auf die bemerkenswerte Geschichte Neutral-Moresnets, ein ehemaliges Andorra oder Liechtenstein, ein.

Der Abbau der Kelmiser Zinkvorkommen ist urkundlich seit 1344 belegt. 1806 erhielt der Lütticher Chemiker J.J. Daniel Dony die Konzession über den 'Altenberg', die 1837 an die Gesellschaft der 'Vieille-Montagne' überging.

Die Kelmiser Zinkgrube stellte 1815 ein Problem dar, als die in Wien versammelten Mächte nach dem Sturz Napoleons Europa ein neues Aussehen geben wollten. Im Gebiet von Moresnet, wo sich Preußen und Niederländer auf eine Grenzziehung einigen mußten, kam es zu Schwierigkeiten, da beide Mächte das reiche Zinkvorkommen beanspruchten. Schließlich fand man einen Kompromiß. Die Gemeinde Moresnet, damals die gängigste Bezeichnung des Gebietes, wurde in drei Teilen aufgeteilt. Moresnet kam zu den Niederlanden, wozu damals auch das heutige Belgien gehörte, und ein Teil, der fortan den Namen Preußisch-Moresnet trug, kam nach Preußen. Es blieb die Gemeinde Kelmis, wo sich die Zinkgrube befand. Nach langem Hin und Her wurde dieses Gebiet für neutral erklärt. Die Niederlande (und seit der Unabhängigkeit unseres Landes Belgien) und Preußen sollten gemeinsam darüber regieren. Diese Situation wurde bis zum Jahre 1919 aufrecht erhalten. Dann kam das gesamte Gebiet unter dem Namen Kelmis-La Calamine zu Belgien. 'Vieille Montagne 'hatte die Grube Kelmis bereits 1884 geschlossen, auch wenn erst 1950 die Zinkgewinnung eingestellt wurde.

Beeindruckend ist in der Kelleretage der Villa eine große Reliefplatte, die das gesamte Göhltal darstellt. Bei Betätigung eines Druckknopfes wird ein Dia mit einer Sehenswürdigkeit eines jeden Dorfes oder einer jeden Stadt gezeigt. Hier wird übrigens auch die enorme Expansion deutlich, die Moresnet während seiner sogenannten'Neutralität' gekannt hat. Im Jahre 1860 zählte die Gemeinde 2500 Einwohner. Im Jahre 1900 war die Einwohnerzahl bereits auf 4000 und 1914 auf 4600 angestiegen.

Das besondere Statut Neutral-Moresnets äußerte sich auf verschiedenen Ebenen. So hatte das kleine Gebiet, das sich in einem Dreieck auf 344 ha ausdehnte, zwar kein eigenes Postwesen, wurde aber von der belgischen und deutschen Post bedient. 1888 kam es zum Versuch eine eigene Postanstalt zu etablieren, doch die beiden königlichen Kommissare setzten dem Unternehmen schnell ein Ende. Geblieben sind die Kelmiser Briefmarken als beliebte Sammlerobjekte, von denen im Museum eine Kollektion gezeigt wird. Die 1848 geprägten Münzen von Neutral-Moresnet sind nicht im Umlauf gewesen. Auf gerichtlicher Ebene tauchten ebenfalls Probleme auf. Auf dem Grundgebiet Neutral-Moresnets befand sich nämlich kein

Moresnet war einst ein Industrieparadies.

eigenes Gericht. Deshalb mußten gerichtliche Auseinandersetzungen in Aachen, Verviers oder Aubel ausgetragen werden. Die Richter durften sich jedoch weder auf preußisches noch auf belgisches Recht stützen, sondern mußten auf den Code Napoléon zurückgreifen. Auch das Zollwesen hatte seine Eigenarten. Güter kamen zollfrei nach Neutral-Moresnet. Wenn sie jedoch nach Preußen oder Belgien gingen, mußten Zollgebühren gezahlt werden. Die 256 bei der Gründung des 'Staates' Neutral-Moresnet im Jahre 1816 dort ansäßigen Einwohner sowie deren Nachfahren blieben militärdienstfrei, auch 1914, beim Ausbruch des Ersten Weltkrieges. Und Esperanto, eine künstliche Sprache, kannte dort eine gewisse Verbreitung. Der französische Professor Gustave Roy wollte aus Neutral-Moresnet das Weltzentrum des Esperantos machen, schaffte es letztendlich jedoch nicht.

All diese bemerkenswerte Aspekte des Ministaates, dessen Existenz die meisten Belgier nicht einmal ahnen, werden im Göhltalmuseum ausführlich behandelt, genauso wie die außergewöhnliche, typische Flora, die auf diesem zinkhaltigem Boden wächst. Das Zinkveilchen beispielsweise, das in diesem Gebiet noch immer wächst, gilt als eine sehr selten gewordene Pflanze. Der Besucher kann jedoch auch die typische Vogelwelt entdecken, wie den Eisvogel, die Uferschwalbe und die Wasseramsel. Eine kostbare Sammlung Steine und Erze bietet eine faszinierende Übersicht der merkwürdigen Geologie dieses Gebietes.

Das Göhltalmuseum befindet sich an der Maxstraße 11, 4721 Neu-Moresnet (Tel. 087/65.75.04) und ist mittwochs von 9 bis 12.30 Uhr sowie samstags und sonntags von 14 bis 18 Uhr geöffnet. In der Woche ist das Museum von 8 bis 13 Uhr zugänglich, ausschließlich auf Voranmeldung.

Walhorn

Das unweite, ländliche Walhorn kann sich einer reichen Vergangenheit rühmen. Walhorn (ursprünglich: Harna, später Walharne) wurde bereits 888 in einer Urkunde von Lothar II erwähnt. Diese Charta, die sich an die Münsterkirche in Aachen richtet, bezeichnet Harna als Königshof. Später, im Jahre 1072, schenkte Heinrich IV das Gebiet dem Marienstift in Aachen. Seit dem 12. Jahrhundert bis zum Jahre 1815 gehört das Gebiet zum Herzogtum Limburg. Auf dem Johberg, wo sich jetzt ein Kreuzweg durch herrliche Tannenwälder schlängelt, wurden Verbrecher enthauptet und erhängt. Walhorn verfügte bereits zur Zeit Karls des Großen über eine erste Kapelle. Der Kaiser soll der Legende nach hier gerne auf Hirsche und Wildschweine gejagt haben. Während einer Jagd soll er hier sogar sein Jagdhorn verloren haben.

Die erste Pfarrkirche erhielt Walhorn bereits um das Jahr 1000. Sie war im romansichen Stil erbaut. Die Fundamente, der Kirchturm, die Schiesscharten und das Taufbecken der heutigen Stephanuskirche zeugen davon. Im 14. Jahrhundert erhielt die Kirche ein gotisches Aussehen. Im 18. Jahrhundert mußte sie wiederum eine Wandlung über sich ergehen lassen. Diesmal fand der Barock Eingang. Zahlreiche Herrenhäuser und Burgen, wie Schloß Thor, Mützhof, Crapoel und viel andere, zeugen von der großen Vergangenheit Walhorns, das im jüngsten Jahrhundert an Bedeutung verlor zu Gunsten der nahegelegenden Stadt Eupen, zu der eine heftige, eher folkloristiche Rivalität bestand. Bevor Sie den Ort verlassen, sollten Sie jedoch in Richtung Astenet fahren. In diesem malerischen Weiler mit seinen zahlreichen großen Bauernhöfen, befindet sich nämlich eine moderne Kapelle, die der Heiligen Katharina von Siena geweiht ist. In den vergangenen Jahren wuchs sie zu einem wahren Pilgerort heran.

Herbesthal

Wie Walhorn trauert auch Herbesthal seiner reichen Vergangenheit hinterher. Vor allem unter der preußischen Herrschaft und nach dem Jahre 1920, als Herbesthal zu Belgien kam, erlebte der Ort eine große, vor allem wirtschaftliche Blütezeit. Lange Zeit hatte Herbesthal einen Grenzbahnhof. Dadurch entstanden viele Arbeitsplätze in der Gemeinde durch die Gründung von Zollbüros, Transportfirmen und den eigenen Eisenbahndiensten. Ende 1965, als der

Die Kapelle der Heiligen Katharina von Siena in Astenet. Ein bedeutender Wallfahrtsort der Region.

Grenzbahnhof vom deutschsprachigen Herbesthal zum französischsprachigen Welkenraedt verlegt wurde, wurde dem Wohlstand Herbesthals ein plötzliches Ende bereitet. Auch hier hatte die Sprachenpolitik gesiegt. Der schöne Bahnhof mit seiner reichen Geschichte wurde im Jahre 1983 abgerissen. Seit 1920 galt der Bahnhof als das zweitwichtigste Postsortierzentrum Europas.

Das Eupener Land

Eupen, das Herz des deutschsprachigen Belgiens

Das lebendige Städtchen Eupen, inmitten Wiesen, einer ausgedehnten Industriezone und Wäldern, erfüllt mit Glanz die Aufgabe des Verwaltungszentrums der Deutschsprachigen Gemeinschaft. Hier haben auch das Parlament und die Regierung der Deutschsprachigen Gemeinschaft ihren Sitz. Mit seinen 17000 Einwohnern (seit der Fusion mit Kettenis) gilt Eupen als die größte Stadt Ostbelgiens.

Industrie und Gewerbe bilden seit Jahrhunderten den roten Faden durch die oft bewegte Geschichte des geselligen Städtchens Eupen, das 1213 erstmals als ein Ort im kleinen unabhängigen Herzogtum Limburg in Folianten erwähnt wird. Herrscher kamen und gingen: Brabanter, Burgunder, Österreicher, spanische Habsburger, Franzosen, sowie Preußen. Das Städtchen hat ebenso viele Bedrohungen mit Glanz überstanden. Stadt und Region erwarben, vor allem während des 18. Jahrhunderts, großen Reichtum dank der blühenden Tuchindustrie, wovon die vielen prächtigen Herrenhäuser im alten Stadtteil zeugen.

Eine Stadtwanderung beginnen Sie am besten am Marktplatz. Hier befindet sich auch das Büro des Verkehrsvereins. Wenn Sie kurz eintreten, werden die freundlichen Damen Ihnen mit Sicherheit (gratis) eine Reihe interessanter Informationen geben.

WOHLSTAND DURCH DIE TUCHINDUSTRIE. Eine Mariensäule, unter dem Grün einiger Bäume versteckt, dominiert diesen gerade neu angelegten alten Marktplatz, gesäumt durch würdige Patrizierhäuser. In einem dieser Häuser befindet sich der Verlag der einzigen deutschsprachigen Tageszeitung unseres Landes, das Grenz-Echo. Dieses Haus aus dem 18. Jahrhundert gehörte einstmals dem wohlgestellten Tuchhersteller Ackens. Einst befand sich hier eine Tuchfabrik. In der Blütezeit der Weberei und der feinen Tuchindustrie im 17. und 18. Jahrhundert zählte Eupen übrigens 42 gleichartige Fabriken. Hier waren beinahe 5000 Arbeiter in diesem Industriezweig beschäftigt und es gab in der Stadt 340 Webstühle.

Es ist die Dekanatskirche Sankt Nikolaus, die mit ihren zwei imposanten, grün patinierten Turmspitzen den Anblick des Marktplatzes ganz dominiert.

Sie erhielt ihr heutiges Aussehen in den Jahren 1724 – 1729, als sie an der Stelle einer ehemaligen, verfallenen Kirche aus dem 14. Jahrhundert erbaut wurde. Es war der Aachener Stadtarchitekt Laurenz Mefferdatis, der die Pläne für diese Kirche entwarf und der ihr, in einer Zeit als in Europa der Barock vorherrschte, ein Renaissance-Aussehen verlieh. Im Inneren der Kirche dominiert jedoch eine Mischung des Barock- und Rokkokostils. Couven, ein weiterer bekannter Aachener, entwarf den vergoldeten und marmorierten Hochaltar. Beeindruckend sind auch die holzgeschnitzten Statuen der Dreifaltigkeit, des heiligen Nikolaus, des heiligen Lambertus und auch das vergoldete Tabernakel. Der Wohlstand, der in dieser Zeit in Eupen herrschte, zeigt sich auch in den reich dekorierten Altären und in der Maria- oder Taufkapelle, deren Decke mit Stuckarbeiten ausgeschmückt ist. Die Darstellung der Taufe Christi verleihen dieser Kapelle zusätzliche Farbe. Der Wohlstand zeigt sich ebenfalls in den einheitlichen, alten Kirchbänken. An verschiedenen Plätzen wurden Namensschilder reicher Eupener Familien angebracht, die vor dem Jahre 1830 einen festen Sitzplatz in der Kirche hatten. Bemerkenswert sind letztendlich auch die weiß bemalten Statuen der zwölf Apostel. Sie stammen aus dem Jahre 1640. Die Nikolauskirche konnte sie jedoch erst während des 19. Jahrhunderts erwerben. Ursprünglich zierten sie die Minoritenkirche in Köln. All das trägt dazu bei, daß die Kirche eine größere Ausstrahlung genießt als die schlichter eingerichtete Hauptkirche Malmedys. Doch dazu später mehr.

Zurück aus der Kirche, fällt uns noch ein Missionskreuz auf. Es erinnert an die

Der Eupener Marktplatz.

Periode, in der Patres bemerkenswerte Missionspredigten hielten, um Spenden einzuholen um zu ihrem oft weit abgelegenen Arbeitsplatz zu reisen. Eupens letzte Missionspredigt fand im Jahre 1959 statt. Bemerkenswert ist die schöne Sonnenuhr. Direkt hinter der Kirche befindet sich die Wohnung des Dechanten. Auch er fand eine Bleibe in einem ehemaligen Patrizierhaus.

Nun gehen wir die Kirchstraße hinunter. Dort befinden sich bemerkenswerte Fachwerkhäuser, die zum größten Teil mit Steinen aus der Weser, dem Fluß, der durch Eupen fließt, erbaut wurden. So erreichen wir die Bergstraße. Viele Häuser sind nun mit einer Zementschicht bedeckt. Wenn man diese vorsichtig entfernt, kommt das Fachwerk ans Tageslicht. Anschließend erreichen wir die Klötzerbahn. Der Platz wurde Ende der achtziger Jahre neu angelegt. In der Mitte befindet sich der Friedensbrunnen, ein Springbrunnen, entworfen durch den zeitgenössischen Künstler Peter Hodiamont. In der Nähe befindet sich auch die hochgewachsene evangelische 'Friedenskirche'. Sie wurde in den Jahren 1851-1855 in einem neugotischen Stil gebaut. Die Pläne für diese Kirche entwarf ein gewisser Herr Stein, der auch Bekanntheit als Architekt von Regierungsgebäuden erwarb. Die Kirche ist (leider) nur sonntags, vor dem Gottesdienst, zugänglich.

Gegenüber der evangelischen Kirche steht das Gebäude, in dem die Regierung der Deutschsprachigen Gemeinschaft untergebracht ist. Dieses Patrizierhaus aus dem 18. Jahrhundert ist das einzige mit einem offenen Innenhof zur Straßenseite. Das Haus gehörte einst dem wohlhabenden Tuchhersteller De

Das Regierungsgebäude der Deutschsprachigen Gemeinschaft in Eupen.

SAMMELLEIDENSCHAFT

DAS EUPENER STADTMUSEUM. Wer Eupen besucht, muß sicherlich dem Stadtmuseum in der Gospertstraße 52 einen Besuch abstatten. Dieses Patrizierhaus wurde erbaut durch Nicolas Pelzer. Es zählt zwei Etagen und wurde mit schmiedeeisernen Haken datiert: 1697. Dieses ehemalige Gebäude eines reichen Tuchhändlers wurde aus Back- und Blausteinen erbaut. Später gehörte es der 'Société Générale'. Seit dem Jahre 1980 findet das Stadtmuseum, das in den darauffolgenden Jahren weiter ausgebaut wurde (u.a. eine umfangreiche Abteilung die Technologie der alten Tuchindustrie betreffend), hier eine Bleibe. Das Museum schildert die reiche und bewegte Geschichte der Eupener Region anhand von zahlreichen, oft typischen Gegenständen.

Das Eupener Stadtmuseum.

Der erste Saal quillt über von Wand- und Standuhren. Der Besucher bestaunt rund zwanzig französische, Magdeburger und Schwarzwalduhren. Im folgenden Saal wurde das Wohnzimmer einer reichen Tuchhändlerfamilie, wie sie im 18. Jahrhundert lebte, nachgebaut. Bemerkenswert ist auch die für die Stadt typische, schön bearbeitete Decke. Desweiteren kann man eine große Sammlung Raerener Krüge bewundern. Dokumente und alte Fotos schildern wiederum das Bild des Lebens in der Stadt um die Jahrhundertwende.Eine Zeitkarte gibt eine fesselnde Übersicht der bewegten Eupener Geschichte. Wir erfahren u.a., daß 1554 zum ersten Mal über Tuchindustrie in Eupen gesprochen wurde und daß die Straße Eupen-Monschau 1846 feierlich eröffnet wurde. Sie finden weiterhin eine Übersicht über verschiedene Industrien, die heute noch in der Stadt angesiedelt sind, z.B. Die Chocolaterie Jacques, das Eupener Kabelwerk (das momentan 1300 Menschen beschäftigt) und die letzte private Brauerei der Ostkantone, die das Eupener Bier braut.

Auch das Obergeschoß ist sicherlich einen Besuch wert. In einem großen Glaswandschrank werden Sie mit Verwunderung die vielen Puppen erblikken, die eine Übersicht über die Mode und die Kleidung in der Periode von 1805 bis heute bieten. Auf einem großen Schild finden wir die Beschreibung verschiedener dargestellter Berufe und Kleider. Ein Knopfdruck genügt, um im Schaukasten bei der betreffenden Puppe ein Licht aufleuchten zu lassen. Unsere Erkundung geht weiter zu einer alten Münzsammlung, um anschließend in der einzigen ausgestellten Goldschmiede Belgiens zu gelangen. Diese gehörte einem gewissen Jules Toussaint, der 1942 während des Krieges an der Front in Rußland fiel. Ein beeindruckendes Arsenal an Material ist hier ausgestellt. Gleichzeitig können Sie einige Kunstgegenstände aus der Hand dieses Kunstschmiedes bewundern. Ein letzter Saal zeigt den Eupener Karneval mit unter anderem den Uniformen der Karnevalsprinzen und verschiedenen Orden.

Das Eupener Stadtmuseum ist täglich geöffnet, an Wochentagen von montags bis freitags von 9.30 bis 12 Uhr und von 13 bis 16 Uhr, und mittwochs ebenfalls von 18 bis 20 Uhr. Samstags und sonntags ist das Museum von 14 bis 17 Uhr geöffnet.

Für nähere Auskünfte: Stadtmuseum Eupen, Gospertstraße 52, 4700 Eupen (Tel. 087/74.00.05 und 087/55.39.02).

Grand Ry und wurde nach Plänen von Couven gebaut. Später diente es als Postgebäude, bis die Deutschsprachige Gemeinschaft es in Besitz nahm.

Hier beginnt nun die Gospertstraße. In früheren Zeiten floß hier ein offener Bach an dem die Tuchmacher im 18. Jahrhundert ihre herrlichen Patrizierhäuser erbauten. Um die meisten der Häuser zu betreten muß man ungefähr vier Stufen besteigen. Diese unterstrichen den Wohlstand ihrer Bewohner. Wenn der Bach über die Ufer trat, was öfter geschah, hatten die reichen Leute, im Gegensatz zu den armen Bewohnern, die sich kein Herrenhaus leisten konnten, keine Probleme mit Überschwemmungen. Inzwischen wurde die Straße vollständig neu gestaltet und nun strahlt sie in neuem Glanz und lädt zum Verweilen ein. Dem Haus mit der Nummer 52 sollten Sie unbedingt einen Besuch abstatten. Dort befindet sich nämlich das Eupener Stadtmuseum.

Von hier aus winkt uns schon der Werthplatz. Dieser höher gelegene Platz stellte bei Überschwemmungen für die betroffenen Bürger eine Art Insel (Werth = Insel) dar. Rechts bilden wieder ansehnliche Patrizierhäuser die Rahmen. Die Wappen

Die Lambertuskapelle auf dem Eupener Werthplatz.

auf den Häuserfronten weisen auf die wohlgestellten Familien hin, die einst hier wohnten. Das Denkmal auf der Platzmitte erinnert an die Opfer der Kriege gegen Österreich (1866), gegen Frankreich (1870-1871), die es den Preußen ermöglichten, ihren Griff auf die deutschen Staaten zu verstärken und das ganze Land hinter sich zu scharen. An der linken Seite des Platzes steht die Lambertuskapelle, die im Auftrag der Eupener Kaufmannsfamilie Klebank im Jahre 1690 erbaut wurde. Anfänglich war sie der Maria Himmelfahrt geweiht. Später wurde diese Kapelle vergrößert und dem heiligen Lambertus geweiht, dem ehemaligen Bischof von Tongern, der im Jahre 705 in Lüttich ermordet wurde. Das Altarbild stellt übrigens noch immer Marias Himmelfahrt dar und ist eine genaue Kopie des berühmten gleichnamigen Gemäldes von Peter Paul Rubens.

MOOREN. Ganz in der Nähe befindet sich der Kaperberg. Hier klopft sozusagen das Herz der schulpflichtigen Jugend aus Eupen und Umgebung, da sich hier ein Lyzeum (Heidberg) und ein Gymnasium (Collège) befinden. Im Haus Nr. 8, einem Bau in würdevollem Empirestil, hat der Rat der Deutschsprachigen Gemeinschaft seinen Sitz. Leider stellte sich das Haus als zu klein heraus, um alle Dienststellen dort unterzubringen, und so wurde rückwärts ein Flügel angebaut.

Entlang der Judenstraße (wo sich die Jugendherberge befindet) geht es weiter in Richtung Moorenhöhe. Dieser prächtige Aussichtspunkt wurde nach dem ehemaligen, populären Bürgermeister der Stadt benannt, Bürgermeister Mooren. Vor dem ersten Weltkrieg trug er durch Anpflanzungen zahlreicher Bäume und

Das Eupener Rathaus wurde in einem ehemaligen Kloster untergebracht.

SAMMELLEIDENSCHAFT

DAS HAUS TERNELL UND DAS WALDMUSEUM. Ungefähr elf Kilometer außerhalb des Eupener Stadtzentrums, auf halbem Wege zwischen Monschau und Eupen, im Herzen des Hertogenwaldes, befindet sich das Haus Ternell. Diese ehemalige Försterwohnung wurde auf Initiative der Deutschsprachigen Gemeinschaft umgebaut zu einem Schulungszentrum mit dazugehörendem Waldmuseum. Das didaktische Programm für Schulen umfaßt einen Wanderlehrpfad, der sieben Themen behandelt: Nadel- und Laubbäume, Blumen, Insekten, Vögel, das Messen von Bäumen und Holz, das Nehmen von Wasserproben und die Suche nach Tierspuren. Außerdem stehen Filme zur Verfügung, die die reiche Natur dieses Gebietes behandeln. Diplomierte Naturführer begleiten die Gruppen durch dieses außergewöhnliche Naturgebiet. Sie können sowohl botanische, ornithologische, Pilz-, Insekten-, geologische als auch historische Vennwanderungen machen.

Zum Haus Ternell gehört auch das Waldmuseum. Auf zirka 200 Quadratmeter Ausstellungsfläche findet der anspruchsvolle Besucher eine Menge Informationen über die Fauna und Flora dieses Gebietes. Zwei Vitrinen zeigen das Leben des Waldes. Sie sehen eine ausgedehnte Sammlung von Waldpilzen, Schmetterlingen, verschiedene Proben Walderde, den Lebenszyklus von Waldtieren, eine Karte mit der Waldverteilung in unserem Land (die Ostkantone sind in dieser Hinsicht außergewöhnlich reich beschenkt), Schaukästen mit Mineralien. In einem anderen Raum sind verschiedene Waldtiere lebensecht ausgestellt: Stein- und Baummarder, Wiesel, Iltisse, Hermeline, wilde Tauben, verschiedene Raub- und Greifvögel und zirka sechs Eulen. Das Leben im Venn ist das Thema eines anderen Raumes. In einem glänzenden, naturgetreuen Dekor stehen Sie Auge in Auge einer Füchsin und ihren Jungen, einem Murmeltier, einem Dachs, Hirschen, Wildschweinen und einem einsamen Reiher gegenüber. Tiere, denen Sie, bei einer Erkundung der Natur, selten oder nie begegnen werden.

Das Waldmuseum ist wochentags geöffnet von 10 bis 12 Uhr und von 14 bis 17 Uhr. An Samstagen, Sonn- und Feiertagen von 14 bis 18 Uhr. In den Monaten Dezember, Januar und Februar jeweils von 10 bis 20 Uhr (montags geschlossen).

Für nähere Auskünfte: Haus Ternell – Waldmuseum, Monschauer Straße, 4700 Eupen (Tel. 087/55.23.13).

durch Anlegen verschiedener Grünzonen zur Verschönerung der Stadt bei. Von diesem Punkt genießen Sie einen beeindruckenden Ausblick auf die Unterstadt, die umgebenden Wälder und bei klarem Wetter bis zum Hohen Venn.

Im Tal fließt die Weser, der wichtigste Fluß Eupens, an dessen Ufer sich einstmals Getreide- und Walkmühlen befanden. Das Weserwasser wurde schon in

SAMMELLEIDENSCHAFT

DAS RAERENER TÖPFEREIMUSEUM. Als die Gemeinde Raeren 1960 die 'Burg Raeren', eine am Zusammenfluß von Iterbach und Periolbach strategisch gut gelegene Wasserburg, erwarb, ging ein Traum der Wissenschaftler Dr. Mayer und Dr. Kohnemann in Erfüllung. Ihre kostbare Töpfersammlung, die sie durch intensive Ausgrabungen erworben hatten, sollte nun endlich eine würdige Unterkunft erhalten. Am 5. Mai 1963 wurde mit der Eröffnung des Töpfereimuseums in der beeindruckenden Burg der Traum Wirklichkeit. Die erste schriftliche Erwähnung dieser Festung geht auf die zweite Hälfte des 14. Jahrhunderts zurück. Später herrschten hier die Familien Lomont (die einen Flügel anbaute) und andere Adlige.

Der Besucher wird vom Niveau dieser Ausstellung verblüfft sein. Nicht allein der Rahmen stimmt. Auch der Aufbau des Museums, das mit der Krippana in Manderfeld zweifellos das größte professionell betriebene Museum der Ostkantone ist.

Nach Bezahlen Ihrer Eintrittskarte können Sie in der ehemaligen Küche der Burg einen herrlichen Videofilm oder eine Diaschau genießen. In zirka zwanzig Minuten wird Ihnen auf diese Weise die reiche Geschichte des Töpferdorfes Raeren geschildert. Beachten Sie gleichzeitig den Bodenbelag. Er besteht aus Tonplättchen, die beim Brennen zwischen den verschiedenen Gefäßen plaziert wurden. Sie konnten jedoch nur einmal genutzt werden und wurden anschließend oft als Bodenbelag in den Wirtschaftsräumen des Hauses verwendet, wo sie mit weißem Sand bestreut wurden.

Die Raerener Wasserburg, bekannt durch das Töpfereimuseum.

Nach dieser bemerkenswerten Einführung in die Töpferkunst sind Sie nun für die Entdeckung des Museums gerüstet.

Diese beginnt in den Kellern, wo Sie zuerst Bekanntschaft mit einer Nachbildung eines Töpferrades machen. Zwei Modelle zeigen typische Töpferöfen aus dem Mittelalter und der Blütezeit.

Das Brennen der Töpferware war eine sehr komplizierte, zeitraubende und sehr delikate, arbeitsintensive Arbeit. Die Raerener Öfen konnten bis zu 2000 Stück Töpferware aufnehmen, so daß es bereits ein großes Unterfangen war, den Ofen zu füllen. Mit Birken-, Buchen- und Eichenholz wurde der Ofen daraufhin langsam auf Temperatur gebracht. Diese schwere Arbeit dauerte drei bis vier Tage, da die Gegenstände bei einer Temperatur von 1250 Grad Celsius gebrannt werden mußten. Ebenso delikat ging anschließend das allmähliche Abkühlen des Ofens vonstatten. Das Feuer wurde mit 400 bis 500 Kilogramm Salz gelöscht. Dieses Salz verschaffte den Krügen einen extrem widerstandsfähigen Glasüberzug. Nach zirka drei Tagen des Abkühlens konnte der Töpfer endlich seine Meisterwerke bewundern. Die Enttäuschung muß wohl oft sehr groß gewesen sein, da dreißig bis vierzig Prozent der Töpferware nicht den strengen, auferlegten Qualitätsnormen entsprach. Diese mißlungene Töpferware wurde übrigens unwiderruflich zu Scherben geschlagen. In einem zweiten Kellerraum wird dem Besucher eine didaktische Übersicht der verschiedenen Brenn- und Glasurmethoden gezeigt, die damals angewandt wurden.

Nun gehen wir zurück zum Parterre. Unmittelbar neben der Kasse stoßen Sie im ersten Saal auf eine große Wandkarte in Form eines modernen Ölgemäldes. Diese bietet eine Übersicht über die Exportgebiete der Töpferware Raerens im 16. und 17. Jahrhundert. In den Wandschränken befinden sich die Wappen ehemaliger, adliger Auftraggeber.

Tägliche Gebrauchsgegenstände aus Tonarbeit werden im zweiten Saal ausgestellt. Der aufmerksame Beobachter wird zweifellos die Entwicklung der Töpferware innerhalb einiger Jahrhunderte feststellen können. Hier befinden sich übrigens auch einige typische Raerener 'Dreihenkelkrüge'. Die meisten ausgestellten Stücke wurden während Ausgrabungen vor Ort gefunden. Meist handelte es sich um Krüge, die nicht den Qualitätsnormen entsprachen und somit nicht verkauft werden durften. Neben der Türe hängt ein Foto der Königin Fabiola, gemeinsam mit dem ersten Konservator des Museums, Herrn Dr. Mayer. Die Königin besuchte das Museum am 7. November 1979, während der inzwischen verstorbene König Baudouin die Eupener Industriezone mit einem Besuch beehrte.

Auf der ersten Etage, im dritten Saal, sind unter anderem grau-blaue und braune Töpferarbeiten sowie die Funde aus der Umgebung einer römischen Villa und aus der Burg selbst zu bewundern. Die bekannten sogenannten 'Bauerntanzkrüge' zieren in verschiedenen Variationen eine kleine Vitrine neben dem Turmzimmer. Saal 4, ebenfalls auf der ersten Etage, gibt eine ausführliche Übersicht über die Verschiedenheit der Formen und Verzierungen der Raerener Töpferarbeiten in der Renaissancezeit. Hier sind die prunkvollen Zierkrüge der großen Raerener Meister zu bewundern, deren Bestand das Museum ständig erweitert. Darstellungen verschiedener berühmter flämischer Maler verdeutlichen außerdem, wie populär die Raerener Töpferarbeiten damals in Flandern waren.

Die Burg mit dem Raerener Töpfereimuseum.

Über eine schwere Holztreppe geht es zur zweiten Etage. Hier befinden sich, in Saal 5, seltenere Gegenstände aus Ton,wie beispielsweise Wasserleitungen, Spielzeug, Kacheln, Spinnwirbel und Weihwassergefäße sowie auch Matrizen für die Zierauflagen. In der großen Wandvitrine steht eine Reihe von Gegenständen aus der Hand von Hubert Schiffer, der im vorigen Jahrhundert einen Versuch startete, die Raerener Töpferei neu zu beleben.

Unser Besuch endet in Saal 6, mit einer beeindruckenden keramischen Sammlung von Helmut Rehker. Diese Sammlung gibt einen kompletten Überblick über die gesamte Rhein(länd)ische Töpferkunst. Neben den braunen Bartmannkrügen aus Köln-Frechen stehen die fast weißen Töpferarbeiten aus Siegburg. Weiterhin können Sie römische Keramik, Keramik aus dem Westerwald, aus Dreihausen und Langerwehe und mittelalterliche Tonarbeiten aus dem Rheingebiet und Mitteldeutschland bewundern.

Neben der permanenten Ausstellung, finden im gegenüberliegenden 'Haus Zahlepohl' auch oft bemerkenswerte Sonderausstellungen statt.

Das Raerener Töpfereimuseum ist täglich geöffnet, außer montags, von 10 bis 17 Uhr. Führungen nur nach Absprache. Zum Museum gehört ebenfalls ein Töpferatelier (Animation auf Termin), in dem Sie hervorragende, handgemachte Töpferware kaufen können. Es gibt für jeden Geldbeutel etwas. Am Eingang des Museums finden Sie ebenfalls eine Reihe interessanter Bücher, die die Geschichte der Raerener Keramik schildern, sowie Ansichtskarten. Gegenüber der Burg können Sie zum Schluß in der gemütlichen Gaststube 'Haus Zahlepohl' nach ihrem Burgbesuch etwas trinken und dazu eine Kleinigkeit essen. Für nähere Auskünfte: Burgstraße 103 in 4730 Raeren (Tel. 087/85.09.03 – Fax 087/85.09.32).

der Blütezeit der Tuchindustrie gestaut und kanalisiert um die Walkmühlen anzutreiben. Wenn Sie hier den Weg nach links einschlagen, erreichen Sie die beeindruckende Wesertalsperre. Sie können jedoch auch zum idyllischen deutschen Grenzstädtchen Monschau weiterfahren. Der mittlere Weg führt ins Hohe Venn und weiter nach Malmedy und Sankt Vith. Der Gebäudekomplex im Tal ist das Kabelwerk, das beinahe größte seiner Art in unserem Land. Diese hochtechnologische und stets mehr spezialisierte Industrie gilt als der wichtigste Arbeitgeber der Region mit über 1300 Arbeitnehmern.

Wir kehren auf unseren Weg zurück und kommen entlang der Judenstraße zur Bergstraße. So geht es zurück zum Marktplatz, dem Ausgangspunkt unserer Wanderung.

Wir machen jedoch noch einen kleinen Umweg, bevor wir unsere Wanderung beenden. Durch die Klosterstraße, die wichtigste Geschäftsstraße Eupens, geht es in Richtung Rathausplatz. Hier befindet sich das ehemalige Kapuzinerkloster, wovon der linke Flügel nun als Rathaus dient. Der Sturm, den die Französische Revolution mit sich brachte, bedeutete das Ende des Klosters. Seit 1863 fand die Stadtverwaltung hier ihre Unterkunft. Die Klosterkirche, eine

Der Sitz des Rates der Deutschsprachigen Gemeinschaft in Eupen.

ehemalige Kapuzinerkirche, stammt ursprünglich aus dem Jahre 1661. Ein Jahrhundert später wurde sie jedoch größtenteils von einem Brand erstört. 1773 wurde sie nach einem Entwurf des Architekten Moretti wieder aufgebaut. Der prachtvolle Marienaltar befand sich ursprünglich in der Kapelle 'Maria zu den Engeln', die seinerzeit auf der Ecke Vervierser- und Paveestraße stand. Beim Bau der Straße nach Aachen wurde diese Kapelle jedoch abgerissen. Zum Altar gehörte eine aus dem 17. Jahrhundert stammende Marienstatue. Sie wurde allerdings im November 1990 gestohlen. Dank einer Eupener Stifterfamilie fertigte ein Südtiroler Holzschnitzer eine Kopie an.

Der holzgeschnitzte Altar der Kirche war ein Geschenk der französichsprachigen Gemeinschaft. Wir setzen unseren Weg entlang der Vervierser Straße fort und nehmen einen kleinen Weg, links vor dem Hochhaus, in dem das Steueramt untergebracht ist. So gelangen wir zum Haupteingang des Parks Klinkeshöfchen, eine der ausgedehntesten Grünzonen in der Nähe des Stadtzentrums. Ein Paradies, in dem auch Kinder ungestört herumtollen können, auf der Wiese des Kinderspielplatzes, während Omas und Opas auf einer der vielen Bänke ausruhen können. Hier befindet sich auch ein Minigolfplatz, während im Park regelmäßig Freiluftausstellungen stattfinden. Über die Hufengasse,in der sich das Sankt-Nikolaus-Hospital befindet, geht es schließlich zu unserem Ausgangspunkt, dem Marktplatz, zurück.

Die Raerener Töpfe

Das ländliche Raeren liegt eingekesselt zwischen der deutschen Großstadt Aachen und den Ausläufern des Hohen Venns. Der verschlafene Ort, der gegenwärtig vor allem als Schlafstätte für viele Deutsche der Aachener Region dient (sie machen zirka ein Drittel der rund 10.000 Einwohner aus), kann auf eine bewegte Geschichte zurückblicken. Schon in primitivsten Zeiten bevölkerten Einzelgänger die Gegend, wie aus archäologischen Ausgrabungen der sechziger Jahre hervorgeht. Römische Funde weisen darauf hin, daß die Gemeinde schon zu Beginn unserer Zeitrechnung bekannt war. Damals lief eine römische Heerstraße, die sogenannte 'Kinkebahn' die von Limburg kam, über ihr Grundgebiet. Bis zur Hälfte des Mittelalters bildete die Bevölkerung eine eng geschlossene Gemeinschaft. Die Töpferkunst sollte dann jedoch um das 15. Jahrhundert herum das Leben der Raerener Einwohner gründlich verändern. Der Name Raeren wurde zu einem weit über Europa hinaus wachsenden Begriff. Die Raerener Töpfe ernteten ebensoviel Ruhm, wie später das Meißner und das blaue Delfter Porzellan. Bis zum 18. Jahrhundert blühte die Gemeinde auf und kannte einen großen Wohlstand. Dann ging es jedoch plötzlich schnell bergab und das Handwerk mußte der Viehzucht und dem Bauhandwerk weichen. Nach dem zweiten Weltkrieg siedelten sich hier vor allem Pendler an. Diese wurden zweifellos durch den ländlichen Charakter dieser Gegend angezogen.

Einst herrschte hier jedoch eine starke wirtschaftliche Betriebsamkeit. Wann genau die Herstellung von Töpferware in Raeren und den Nachbargemeinden ihren Anfang nahm, ist schwer zu bestimmen. Das erste geschriebene Dokument, das über die Raerener Töpferkunst berichtet, stammt aus dem Jahre 1445. Darin wird der 'kroeckenbecker van Raeren', ohne Erwähnung eines Namens, als ein wichtiger Steuerzahler erwähnt. Daß jedoch vor dieser Zeit schon eine kleine Töpferindustrie bestanden hat, steht außer Zweifel. So wurden beispielsweise Scherben aus dem 12. Jahrhundert gefunden, die auf eine Herstellung von Töpferware schließen lassen. Vor allem ab dem 15. Jahrhundert brach eine Blütezeit an. Die Handwerksleute fanden dort nämlich alles, was sie zur Anfertigung ihrer Kunstgegenstände brauchten: reiche Ton- und Lehmschichten, Wasser und das unentbehrliche Holz, um die Öfen, in denen geformte Gegenstände gebrannt wurden, zu befeuern.

Infolge der Töpferkunst wurde der Name Raeren in der ganzen Welt bekannt, nicht nur in unseren Nachbarländern, sondern auch bis in den hohen Norden und in Rußland, überall dort wo die Hansestädte Handel führten. Tag und Nacht wurden die Krüge mit Karren zum Markt nach Köln gebracht. Von dort wurden sie dann weiter exportiert. Vor einigen Jahren wurden selbst vor der australischen Küste mehrere gesunkene Schiffe der Vereinigten Ostindischen Kompagnie – so die legendäre 'Batavia' – geborgen, auf denen sich einige Raerener Krüge befanden.

Die typischen braunen Krüge mit drei Henkeln – die Sie auf vielen Meisterwerken Pieter Brueghels bewundern können – galten als die Handelsware der Raerener Töpfer schlechthin. Diese waren jedoch auch sehr geschäftstüchtig im Entwerfen allerlei anderer Haushaltsgegenstände, wie Öllampen, Schüsseln, Feldflaschen, Stempel, Pilgerhörner, Butterschalen, Destillierflaschen und Ähnlichem.

Die Auftraggeber für diese Gegenstände waren nicht nur Bauern und Landarbeiter. Auch Könige und Fürsten oder Ritter und Bischöfe bescherten den Töpfern ganz besondere Aufträge. Sie gaben häufig Krüge mit ihrem Siegel in Auftrag. Anfangs standen die Töpfer vor allem unter dem Einfluß der deutschen Meister aus dem Gebiet Köln-Frechen-Siegburg. Mit der Zeit entwickelten sie jedoch allmählich einen typischen, eigenen Stil. Einige unter ihnen sollten zu großem Ruhm gelangen, so z.B. Jan Emens Mennicken, der vom Jahre 1558 bis zum Jahre 1594 in Raeren tätig war. Dessen Krüge unterschieden sich von den anderen durch die feine Verarbeitung und die auffallend harmonischen Formen. Er sollte zahlreiche Lehlinge ausbilden, wenn auch seine Berühmtheit einigen Neid hervorrief. Jan Emens verzierte seine Krüge vor allem mit Szenen aus dem Bauernleben, aus dem Alten und dem Neuen Testament, mit mythologischen Figuren und Wappen. Das berühmteste Werk Jan Emens befindet sich allerdings nicht mehr in Raeren, sondern im Hetjens-Museum im rheinländischen Düsseldorf: der sogenannte 'Kentaurenkrug', ein 49 Zentimeter hoher Krug, der die Sage des Pferdemenschen mit einer biblischen Szene in Verbindung bringt. Andere bekannte Namen aus der großen Blütezeit, die bis rund 1630 andauern sollte, waren Jan Baldems, Baldem Menneken, Evert Kalf und Engel Kran. Allmählich wanderten jedoch einige berühmte Meister aus, vor allem in den Westerwald. Es mangelte jetzt an fähigen Töpfern in Raeren. Hinzu kamen die Schrecken des Dreißigjährigen Krieges und das Aufkommen des Porzellans. Die Töpferkunst starb einen langsamen Tod. Ungefähr 1880 wurde durch Hubert Schiffer ein Versuch unternommen, dieses Handwerk neu aufleben zu lassen, jedoch ohne Erfolg.

In unserem Jahrhundert spürten viele Wissenschaftler und Archäologen fasziniert dieser reichen Vergangenheit nach, unter anderem Dr. Mayer und Dr. Michel Kohnemann, die durch ihre zahlreichen Ausgrabungen eine beachtenswerte Sammlung erwarben. Das Resultat ihres Werkes wird heute im Töpfereimuseum ausgestellt.

Das Malmedyer Land

Malmedy, wo die Mönche regierten

Die bewegte Geschichte Malmedys begann um das Jahr 648 nach Christus, als sich der heilige Remaklus in diesem Gebiet niederließ. Dieser Benediktiner aus Aquitanien wurde vom Frankenkönig Siegbert III. in dieses Gebiet entsand. Er sollte die kleinen Niederlassungen in diesem ausgedehnten Sumpfgebiet christianisieren. Remaklus gründete eine Abtei an einem Ort, wo der Sumpf nicht wucherte. Schon bald stellte sich eine Erweiterung der Abtei als erforderlich heraus. Das Venngebiet machte dies im Osten jedoch unmöglich. Letztendlich wurde eine Lösung gefunden, indem er westlicher die Abtei von Stavelot gründete. Das Schicksal beider Abteien wurde schon sehr schnell miteinander verbunden. Und so entstand die 'Principauté ecclésiastique de Stavelot-Malmedy', das Fürstentum Stavelot-Malmedy also. Es sollte viele Stürme überstehen, letztendlich dem Orkan der Französischen Revolution 1792 jedoch zum Opfer fallen.

Aussicht auf Malmedy von den Floriheider Höhen aus.

Bis dahin regierten die Fürstäbte selbständig über dieses Gebiet. Der französische König und der deutsche Kaiser duldeten diese Situation gutmütig. Es waren die Mönche beider Abteien, die den Fürstabt wählten. Anfangs kam dieser meistens aus der Abtei in Stavelot, weil diese mehr Mönche zählte. Später kamen die Äbte auch von außerhalb, beispielsweise aus Manderscheid oder dem weiter entfernten Bayern. Die Mönche waren der Meinung, daß namhafte Außenstehende mehr Einfluß ausüben konnten und deshalb auch mehr Schutz boten. 1792 wurde der Herrschaft der beiden Abteien über das Gebiet ein Ende bereitet. Malmedy wurde neben Lüttich und Huy eine der drei 'Unterpräfekturen' des französischen Départements der Ourthe. Nach dem Wiener Kongreß kam Malmedy zu Preußen.

Damit ging ein lange gehegter Traum des preußischen Königs in Erfüllung, nämlich französischsprachiges Gebiet in seinem Besitz zu haben. Anfangs rührte man gar nicht an den alten Sitten und Gewohnheiten, zur Zufriedenheit der Bevölkerung. Als Bismarck in Preußen jedoch an die Macht kam, änderte sich die Lage. Er verpflichtete die Bevölkerung, sich der deutschen Sprache zu bedienen für amtliche Angelegenheiten und ersetzte französischsprachige Beamte durch preußische. So entstand eine starke wallonische Widerstandsbewegung. Nach dem ersten Weltkrieg wurden Malmedy und Umgebung zu belgischem Territorium. So blieb es auch bis heute, bis auf ein deutsches Intermezzo während des zweiten Weltkrieges.

HEIMKINDER. Wir beginnen unsere Erkundung der Stadt an der Geschäftsstelle des Verkehrsvereins. Sie fand vor einigen Jahren eine Bleibe in den ehemaligen, restaurierten Abteigebäuden. Die Gemeinde brachte hier inzwischen auch Verwaltungen und kulturellen Dienste unter. Während der Restaurierung stieß man übrigens auf Teile des mittelalterlichen Klosterganges. Dieser wird bald wieder total renoviert. Die Abtei genoß im Mittelalter übrigens sehr viel Ruhm als Skriptorium. Hier, oder in der Abtei von Stavelot, soll das außergewöhnliche Epos der 'Vier Heimkinder' entstanden sein. Eine Reihe von Akten der Abtei befindet sich momentan in den Archiven des Vatikans. Einer der Mönche war nämlich lange Zeit als Sekretär des Papstes Leo XIII. tätig. In den jüngsten Jahrzehnten fanden wichtige archäologische Ausgrabungen statt. Bereits vor dem zweiten Weltkrieg wurde die Krypta der Abtei freigelegt. Vor dem Eingang der ehemaligen Abtei, wo jetzt ein Kriegsdenkmal an die Gefallenen des ersten Weltkrieges erinnert, befand sich früher einmal der Garten des Fürstabtes. Neben der Abtei sehen Sie die heutige Post. Sie fand eine Bleibe in der ehemaligen Mühle der Mönche.

KATHEDRALE. Neben der Abtei prunkt in ihrer Schlichtheit die Kathedrale, die ehemalige Abteikirche. Sie wurde im klassizistischen Renaissancestil erbaut.

DIE WUNDERGESCHICHTE

DIE AUFERSTEHUNGSKAPELLE. Die Initiative zum Bau dieser Kapelle ergriff einer der wohl bekanntesten Einwohner, die die Stadt jemals hatte: Jean-Ignace de Roderique (1696-1750, Köln). Er war ein äußerst erfolgreicher Student in Aachen und trat in den Jesuitenorden ein. Seine schwache Gesundheit zwang ihn jedoch dazu auszutreten, auch wenn er Katholik blieb. Er studierte Mathematik, Geografie und Wirtschaftswissenschaften an der Universität in Würzburg und anschließend in Köln. Dort heiratete er. An der Universität Köln gründete er übrigens den ersten Lehrstuhl für Geschichte in einer deutschen, katholischen Universität. Er wurde dort jedoch entlassen, weil er geheiratet hatte. Dennoch ruhte Jean-Ignace nicht. Er gründete in Köln die französischsprachige Zeitung 'Gazette de Cologne'. Damals gewann das Französische vor allem in Adelskreisen stark an Bedeutung. Zur Nachrichtenbeschaffung baute er ein wahres Spionagenetz auf. Überall hatte er Mitarbeiter, bis in den höchsten politischen Kreisen. Manche Quellen glauben sogar zu wissen, daß der russische Zar einmal gesagt haben soll: 'Wenn ich wissen möchte was in meinen Briefen steht, dann könnte ich besser die 'Gazette de Cologne' lesen als selbst meine Briefe zu öffnen'. Die Malmedyer Mönche waren ihm übrigens sehr gut gesonnen, denn des öfteren verteidigte er sie gegenüber den Mönchen Stavelots, die eine gewisse Vorherrschaft ausstrahlten. De Roderique hat des öfteren wiederholt, daß die Malmedyer Abtei die älteste ist und daß laut den Ordensregeln beide Abteien ebenbürtig sind. Dafür waren ihm die Malmedyer Mönche dankbar. Sie gaben ihm das Recht zwei Häuser auf dem Place du Pont Neuf zu kaufen. Später sollte hier die Auferstehungskapelle erbaut werden. So konnten seine Eltern hier die Messe besuchen und brauchten sie sich nicht zur viel weiter entfernten Pfarrkirche zu begeben. Doch auch er hatte nicht nur Glück. Sein einziger Sohn starb sehr jung. Später adoptierte er den Sohn seiner einzigen, ebenfalls sehr jung verstorbenen Schwester. Später wurde er blind. Er starb im Alter von nur 54 Jahren in Köln.

Die Auferstehungskapelle in Malmedy: auch mit ihr ist eine Wundergeschichte verbunden.

Die Bauarbeiten unter der Leitung von Architekt Gaulhausen aus Sant Vith begannen im Jahre 1775. Am 5. September 1784 wurde die Kirche eingeweiht und den Heiligen Petrus, Paulus und Quirinus geweiht. Die bezaubernden Stuckarbeiten schaffte der Lütticher Künstler Dukers. Er schmückte ebenfalls verschiedene Paläste in Brüssel aus. Die Kirche, die zur Zeit General Baltias Anfang der zwanziger Jahre den Status einer Kathedrale erhielt, kann auch einen Reliquienschein des heiligen Quirinus ihr eigen nennen. Dieser kam aus der französischen Bretagne, aus der Nähe der Stadt Rouen. Der Original-Reliquienschein wurde jedoch 1587 durch die Plünderungen der Niederländer völlig zerstört. Lediglich die Knochen des Heiligen blieben unangerührt. Sie wurden daraufhin in einem neuen Reliquienschrank untergebracht. Eine Legende behauptet, daß der Heilige eine Stadt vor der Zerstörung durch einen Drachen rettete. Dieser Drachen ist auch heute noch im Stadtwappen zu sehen. Beachten Sie auch den linken Seitenaltar mit einer bemerkenswerten Statue der Heiligen Jungfrau, die vom Lütticher Bildhauer Delcourt skulptiert wurde. Das Bemerkenswerte an dieser Statue ist, daß die Jungfrau das Kind auf dem linken Arm trägt. Die geschnitzten Predigtstühle stammen aus der Sankt-Gereonkirche. Das Glockenspiel der Kathedrale stammt aus dem Jahre 1786, kurz nach der Errichtung der Kirche. Es zählt 35 Glocken, die von einem Fachmann aus Malmedy, Martin Legros, gegossen wurden.

IN SCHUTT UND ASCHE. Der zweite Weltkrieg brachte großes Elend nach Mal-

Der Malmedyer Marktplatz.

SAMMELLEIDENSCHAFT

DAS HAUS VINETTE. Nahezu im Schatten der Auferstehungskapelle, an der Ecke der Rue Haute Vaulx (Nummer 46) und der Route de Chôdes 1, befindet sich das Haus Vinette. Ein Museum wie kein anderes... da es nicht zugänglich ist und wegen (vorläufigen) Platzmangels nur von außen bewundert werden kann. Ein bemerkenswertes Museum, wo auch kein Eintrittsgeld verlangt wird!

Das kleine Gebäude gilt als typisches Beispiel für die Bauweise des 17. Jahrhunderts. Das Haus wurde 1781 von einem armen Schreiner, Jean Vinette, der eine kinderreiche Familie hatte und seinem Namen dem Haus schenkte, käuflich erworben.

Ein Blick durch die Fenster macht einen Streifzug durch die Geschichte möglich, die bis zum Jahre 1797 zurückgeht. Neben einer gekleideten Puppe, die Madame Vinette darstellen soll, entdecken Sie ein Wohnzimmer, eine Küche sowie religiöse Figuren aus dieser Zeit. Das Museum wird noch weiter ausgebaut.

Die Familie Vinette trug erheblich zu einem wahren Aufstand gegen den französischen Besatzer im Jahre 1797 bei. Viele Heimatkundler und Historiker sind jetzt noch von den Ereignissen fasziniert. Die Geschichte, wie es zu diesem Aufstand kam, ist keine Legende, wie viel versuchten glaubhaft zu machen. Sie wurde in den offiziellen Stadtchroniken festgelegt. Die alte Frau Vinette lag auf dem Sterbebett und bat um die letzten Sakramente. Ein (neues) Gesetz des französischen Besatzers verbot Priestern jedoch sich außerhalb der Kirche in Priesterkleidung und im Besitz der Sterbesakramente in der Öffentlichkeit zu zeigen. Dies erweckte Unmut bei der Bevölkerung, zumal der Pastor zuvor bereits vom örtlichen (nicht ungläubigen) Kommandanten der Gendarmerie zurecht gewiesen worden war. Der Unmut der Bevölkerung erreichte einen Höhepunkt, als Frau Vinette die letzte Ölung erhalten sollte. Verschiedene Männer schlugen vor, das Heilige Sakrament in einer Prozession der Sterbenden zu bringen. Die große Uhr läutete den Aufstand ein. Aus der ganzen Stadt eilten Arbeiter herbei, oft mit primitiven Waffen ausgerüstet, manche sogar mit Gewehren. Sie trafen sich an der Sankt-Gereon-Kirche, damals noch die Pfarrkirche. Die benachrichtigte Gendarmerie warnte die Aufständigen: 'Es ist nicht erlaubt die Prozession ausziehen zu lassen'. Das entrüstete Volk entgegnete voller Zorn: 'Das werden wir sehen'. Während hin und her geschrien wurde, erschien Marie Anne Lallemand, auch Bacchus genannt. Sie jagte mit viel Aufsehen ihren Sohn, einen Polizisten, weit weg von der Kirche, woraufhin sich der Kommandant und seine Mannschaften zurückzogen. Der umsichtige Pastor mahnte die Bevölkerung zur Ruhe. Diese wollte jedoch nicht mehr zur Ruhe kommen. Sie holte in der Kirche den Baldachin und das Heilige Sakrament. Der Pastor konnte nicht anders als die Prozession zum Hause Vinette anzuführen. Die ganze Stadt beteiligte sich an dieser Prozession. Nachdem die alte Frau Vinette die letzten Salbung empfangen hatte, wurde die Vinette-Prozession aufgelöst, als ob nichts geschehen war. Spätere Recherchen haben ergeben, daß es 1797 in Malmedy gar keine alte Dame namens Vinette gab. Aus Stammbaumanalysen der Familie Vinette stellte sich heraus, daß der Schreiner Jean Vinette im Alter von 72 Jahren im Jahre 1806 starb. Seine Frau starb bereits 1773 im Alter von 56 Jahren. Letztendlich stellte sich heraus, daß es sich um Marie-Thérèse Vinette, die im Jahre 1773 getauft wurde, handelte. Drei Monate nach der Aufsehen erregenden Prozession starb Marie Thérèse Vinette im Alter von gerade erst 24 Jahren. Gerade das jugendliche Alter dieses Mädchens, der man es nicht gestatten wollte, die letzte Ölung zu empfangen, entfachte den Zorn der Bevölkerung. Die Mund-zu-Mundüberlieferung hat jedoch schnell – wahrscheinlich um mehr zu beeindrucken – die Geschichte verformt.

Für nähere Informationen bezüglich des Hauses Vinette und der Geschichte der merkwürdigen Prozession, können Interessenten sich an folgende Adresse wenden: Route des Chôdes 1, Malmedy (Tel. 080/33.90.42).

medy. Gegen Ende des Krieges, während der Rundstedt-Offensive, wurde Malmedy schwer verwüstet. Am Weihnachtstag 1944 bombardierten die Amerikaner die Stadt gleich dreimal. Der angerichtete Schaden war enorm und es gab zahlreiche Opfer in der Zivilbevölkerung zu beklagen. Rechts von der Kathedrale, im 'Parc de l'Abbaye', erinnert ein Denkmal an die Gefallenen. Auf fünf Säulen wurden die Namen von 219 Menschen eingemeißelt. Nahezu das gesamte Stadtzentrum war durch die Bombardierungen zerstört worden. Lediglich die Kathedrale (bis auf einige wertvolle Glasfenster), das Rathaus und einige Häuser überstanden diese Angriffe ohne nennenswerten Schaden. Die Zahlen sprechen übrigens für sich: 520 Häuser wurden beschädigt oder zerstört – ungefähr Zweidrittel der damaligen Stadt. Malmedy konnte jedoch – im Gegensatz zu Sankt Vith, eine Stadt die nahezu ganz in Schutt und Asche gelegt wurde – ihr ursprüngliches Aussehen größtenteils erhalten. Das große Leid der Einwohner dieses Städtchens hat sie jedoch nie daran gehindert, den Worten eines englischen Chemikers aus dem 18. Jahrhundert treu zu bleiben: die

Ein typisches Straßenschild in Malmedy: in korrektem Französisch und wallonischem Dialekt.

Einwohner Malmedys stellten sich heraus als ehrlich, fleißig, freundlich, gesellig und vor allem Fremden gegenüber als gastfreundlich.

STRAŠENNAMENSSCHILDER. Unsere Stadtwanderung führt anschließend zum Place Albert I, dem ehemaligen Place du Marché. Ein alter Obelisk, den einer der letzten Fürstäbte schenkte, ziert den gemütlichen Platz im Herzen der Stadt. Der Platz wurde erst vor kurzer Zeit neu angelegt, um den Autoverkehr zurückzudrängen. Hier befand sich früher auch die Stadthalle, ein Treffpunkt der

SAMMELLEIDENSCHAFT

DAS NATIONALE PAPIERMUSEUM. Papier hat die Geschichte der Menschheit durch die Jahrhunderte hinweg grundlegend beeinflußt. Malmedy hat immer, dank dem Fluß Warche als Lebensader, eine bedeutungsvolle Papierindustrie gekannt. Die Qualität des Wassers der Warche eignete sich nämlich hervorragend für die Herstellung von Papier. Die Mönche beherrschten darüber hinaus die Herstellungstechniken hervorragend. Bereits um das Jahr 1740 kam in Malmedy die 'papeterie' auf. Bis heute blieb die Papierproduktion erhalten. Zwei Firmen sind in Malmedy angesiedelt. Malmedy ist vor allem bekannt wegen der Herstellung von Papier für fotografische Zwecke. Das Nationale Papiermuseum konnte deshalb keinen besseren Standort finden als in dieser Stadt.

Das Haus Cavens: heute Nationales Papier- und Karnevalsmuseum.

Das Museum wurde didaktisch aufgebaut und zeigt zunächst einmal wie Papier hergestellt wird. Anschließend geht es ausführlich mit der Geschichte der Papierherstellung weiter. Ein chinesischer Prinz soll vor vielen Jahren und Jahrhunderten einmal verantwortlich gewesen sein für die Herstellung des weißen Goldes. Auch das 'Tapa' der Mexikaner und das 'Papyrus' der Ägypter bleiben nicht unerwähnt. Die verschiedenen Routen, die benutzt wurden, um das Papier vom Fernost nach Europa zu bringen, werden auf einer übersichtlichen Landkarte aufgezeigt. Dabei werden auch die Daten erwähnt, wann das Papier zum ersten Mal in das betreffende Land seinen Einzug hielt. Im deutschen Nürnberg war das bereits im Jahre 1390. In unserer Gegend war dies in Huy im Jahre 1437, im niederländischen Dordrecht erst 1586. Selbstverständlich wird auch eine Papiermühle ausgestellt. Eine Miniaturausführung zeigt, wie diese Mühle funktioniert. Dieses Miniaturmodell können Sie selbst betätigen. Amüsant sind auch die verschiedenen Wasserzeichen. Dazu wurden die meist verschiedenen Motive gebraucht. Die Ausstellung bietet davon einen Überblick. So können Sie unter anderem ein Stück Papier mit dem Emblem der Abtei als Wasserzeichen bewundern. Das Museum befaßt sich jedoch auch mit den modernen Herstellungsverfahren. Außerdem ist ein Atelier zur Herstellung von geschöpftem Papier im Erdgeschoß eingerichtet worden. Dieses faszinierende Museum ist (außer dienstags) täglich zugänglich von 14 bis 17 Uhr. Während der Monate Juli und August ist das Museum täglich von 15 bis 18 Uhr geöffnet. Geschlossen ist es am 1. Mai, dem 11. November, dem 24. und 25. Dezember sowie am 31. Dezember und an den Karnevalstagen. Geführte Besichtigungen sind jedoch auf Anfrage für Gruppen bis zwanzig Personen während des ganzen Jahres möglich. Wir bedauern lediglich, daß das Museum (auf der ersten Etage) nicht über einen Aufzug verfügt und somit nicht für Rollstuhlbenutzer zugänglich ist.

Nähere Informationen: Nationales Papiermuseum, Place de Rome 11 in 4960 Malmedy (Tel. 080/33.70.58).

SAMMELLEIDENSCHAFT

DAS KARNEVALSMUSEUM. Ebenfalls im 'Maison Cavens', doch auf der dritten Etage, befindet sich das intime Karnevalsmuseum Malmedys. Karneval und Malmedy sind zwei eng mit einander verknüpfte Begriffe. In Malmedy wird ein typischer, wallonischer Karneval gefeiert, der sehr wenig Gemeinsamkeiten mit dem Karneval in den Ostkantonen und dem Rheinland hat. In unserem Land wurden zwei Karnevalsfestivitäten 'außer Kategorie' klassiert, und dazu gehört neben Binche auch Malmedy. Die zentrale

Figur im Malmedyer Karneval ist der 'Trouvlê'. Er leitet die Festlichkeiten, hat jedoch nicht den gleichen Status wie beispielsweise ein Prinz Karneval. Den gibt es in Malmedy übrigens gar nicht. Der große Spaten, den er in seiner Hand hält, symbolisiert seine Macht über die Stadt während der tollen Tage. Zahlreiche Plakate und manchmal vergilbte Fotos erinnern beim Betreten des Museums an die reiche Vergangenheit des Karnevals. Eine ganze Reihe typischer Gegenstände wie die Glocke des 'Grosse-Police', der die Festlichkeiten ankündigt, der lange Besen, die typische große Schere, eine Ofenschaufel und der Spaten des Trouvlê werden ebenfalls ausgestellt. Farbige Aquarelle stellen ehemalige Karnevalsumzüge dar. Zahlreiche Partituren erinnern an den musikalischen Charakter des Karnevals. Und selbstverständlich durften auch die Urkunden der Vereinigungen, die dem Karneval die große Ausstrahlung verschafften, nicht fehlen. Einige entzükkende Modelle geschmückter Wagen regen die Fantasie an. Der Besucher wird voller Bewunderung vor den zahlreichen lebensgroßen Puppen im 'Großen Saal' stehen, womit der Besuch an dieses Museum endet. Hier sehen Sie die verschiedenen typischen Figuren , die immer wieder in den Karnevalsumzügen zu bewundern sind, voran an der Trouvlê. Da gibt es jedoch auch noch andere wichtige Figuren: den Bäcker (bol'dji), den Schuster (Cwapîs), den Langnasen, den Zwerg (sotê), den Harlekin, den wilden Afrikaner (sâvadje-cayèt), die Haguète (eine typische, prestigeträchtige Figur mit einer bemerkenswerten Maske, die mit vielen Federn geschmückt wird), den langen Besen, den Grosse-Police,...

Das Karnevalsmuseum ist täglich (außer dienstags) geöffnet von 14 bis 17 Uhr und während der Sommerferien von 15 bis 18 Uhr. Das Museum ist geschlossen an den Karnevalstagen, am 1. Mai, am 11. November sowie am 24, 25. und 31. Dezember. Geführte Besichtigungen sind für Gruppen bis 20 Personen möglich. Diese müssen jedoch spätestens 14 Tage vor dem Besuch angefragt werden.

Nähere Informationen: Karnevalsmuseum, Place de Rome 11 in 4960 Malmedy (Tel. 080/33.70.58).

Magistraten und ein Symbol für die Stadtfreiheit. Sie wurde jedoch bereits 1689 definitiv zerstört. Entzückende Häuser säumen den sehr gemütlichen Platz, der im Sommer eine Menge Terrassentouristen lockt. Zahlreiche Zeichnungen zieren die Schieferplatten. Und das gilt als eine typische Eigenschaft der Fachwerkhäuser Malmedys. Die Fensterrahmen wurden oft weiß gestrichen und mit Gittern aus Schmiedeisen geschmückt. Werfen Sie auch einmal einen Blick auf die gelb-grünen Straßennamensschilder. Sie erwähnen den Straßennamen im örtlichen, wallonischen Dialekt.

Eines der ältesten Sträßchen im Herzen Malmedys.

GALGEN. Im späten Mittelalter, um das Jahr 1600, drängten die reichen Bürger auf eine Errichtung einer Stadtmauer, die als Schutz dienen sollte. Die Mauer wurde erbaut, auch wenn es zwei Jahre dauerte, ehe sie fertiggestellt war. Die alte Halle Gretedar gilt als stiller Zeuge dieser Mauer. Es ist das einzig erhaltene Stadttor. Sie diente als Rathaus. Später fungierte sie eine Zeit lang als Gefängnis. Die legendären Brüder Renard wurden hier eingesperrt. Sie hatten 1778 den Pastor des Ortes Xhignesse ermordet und wurden zum Galgentod verurteilt. An der gegenüber liegenden Seite des Gefängnisses, auf den Floriheid-Hügeln, wurden sie am sogenannten 'Arbre de la Potence' erhängt. Dieses Stadttor wurde später, zirka 1727, umgebaut. Heutzutage organisiert vor allem die Vereinigung 'Malmedy Folklore' hier regelmäßig Ausstellungen.

Und so gelangen wir in die älteste Straße der Stadt, in die Rue La Vaulx. Bewundernswert geschmückte Bürgerhäuser (beachten Sie vor allem die schön verarbeiteten Türen) prunken dort. Auf der Nummer 60-62 befand sich früher einmal die älteste Herberge der Stadt, 'L'auberge du Cheval Blanc'. Dieses Haus wird momentan restauriert.

Dann winkt bereits der kleine 'Place du Pont Neuf', ebenfalls in einem der ältesten Stadtteile. Die Auferstehungskapelle (mehr dazu später), die in den Jahren 1755 bis 1757 erbaut wurde, dominiert das Aussehen dieses Platzes. Ein italienischer (im Grunde genommen ein aus dem schweizerischen Ticino stammender) Architekt, Gaetano Pizzoni, zeichnete den Entwurf dieser Renaissancekapelle. Jahrelang war diese Kapelle dem Publikum nicht zugänglich. Die mühsame Restaurierung dauerte acht Jahre. Erst 1992 wurde die Kapelle erneut dem Publikum geöffnet. Von außen scheint sie viereckig, von innen achteckig. Im farbreichen, frisch gestrichenen Dachgewölbe, bemerkt der aufmerksame Beobachter das 'Auge Gottes'.

PROTESTANTISMUS. Etwas weiter sehen wir die Kapuzinerkirche. Sie wurde 1631 eingeweiht, später jedoch geriet sie in Brand. Es wird erzählt, daß die Mönche es geschafft haben sollen, mit Eimern Wasser das Feuer zu löschen.

Doch es gibt noch eine weitere merkwürdige Geschichte, was die Kapuziner betrifft. Sie sollen nach Malmedy entsandt worden sein, um dort gegen den aufkommenden Protestantismus zu kämpfen. Und das ist doch sehr merkwürdig, denn die Stadt gehörte der Abtei... Oberhalb des Portals steht eine Statue der Jungfrau aus der Schule von Jean Delcour. Einige seiner Werke können Sie in dieser düster wirkenden Kirche bewundern. Würdevoll sind die Predigt- sowie die beiden Beichtstühle, die aus dem späten 17. Jahrhundert stammen. Die Kirche gehört jetzt der Gemeinde, denn die Kapuziner verließen die Kirche während der Französischen Revolution. Sie kehrten später nicht mehr zurück;

An dem Place Saint Géréon befand sich früher einmal die Pfarrkirche. Sie wurde im Jahre 1822 jedoch abgerissen. Auf diesem Platz steht jetzt ein geschmückter Musikkiosk, einer von dreien (die anderen befinden sich auf dem Place de Rome und dem Place du Pont Neuf). Ein Kreuz erinnert an den Platz, wo früher einmal der Hauptaltar stand. Über die Chemin Rue, wo ein Patrizierhaus vom Wohlstand der ehemaligen Gerberstadt zeugt, erreichen wir zum Schluß den Place de Rome, unweit von unserem Ausgangspunkt an der ehemaligen Abtei. Neben einem großen Kiosk und der Statue der Heiligen Jungfrau zieht hier vor allem das 'Maison Cavens' (Nummer 11) die Aufmerksamkeit auf sich. Das Haus wurde vom Menschenfreund Jean Hubert Cavens, der mit einer Gerberei viel Geld verdient hatte, erbaut. Cavens blieb kinderlos. Er ließ das Gebäude jedoch in wirtschaftlich schlechteren Zeiten von seinen ansonsten von der Arbeitslosigkeit bedrohten Mitarbeitern erbauen und brachte darin ein Waisenhaus unter. Später kaufte die Gemeinde das Haus. Heutzutage beherbergt es die Stadtbibliothek sowie zwei interessante Museen, auf die wir später zurückkommen werden: das nationale Papiermuseum (erste Etage) und das Karnevalsmuseum (dritte Etage).

Robertville, ein Wanderparadies

Ein zauberhafter See mit zahlreichen Freizeit- und Sportmöglichkeiten, eine rätselhafte, mysteriöse und entzückende Burg, ein kleiner, aber äußerst gemütlicher Dorfkern, ein faszinierendes Stück des Hohen Venns und der höchste Punkt Belgiens, der in allen Schulbüchern erwähnt wird, das Signal de Botrange (694 Meter über dem Meeresspiegel) machen den Reiz der Altgemeinde Robertville aus.

Die ältesten Folianten, die Robertville erwähnen, stammen aus dem Jahre 1188, als zum ersten Mal der Name Ribieville auftauchte. Hier befand sich eine Kapelle, die im Auftrag der Abtei von Malmedy erbaut wurde und den Leprakranken der Gegend geweiht war. Die Geschichte Robertvilles sollte übrigens bis zur Französischen Revolution parallel mit der Geschichte de Fürstabtei Mal-

DIE WUNDERGESCHICHTE

DAS GEHEIMNIS REINHARDSTEINS. Burgen regen die Fantasie an, und das gilt genauso für Burg Reinhardstein, von der zahlreiche Legenden existieren. So gibt es eine Legende über den Geist Reinhardsteins, die mit der Geschichte der Fee Mélusine in Verbindung gebracht wird. Es gab einmal einen Mann, der von seinen Ahnen ein Stück Pergament geerbt hatte. Dieses Pergament soll mit mysteriösen Zeichen beschrieben gewesen sein. Als er sie nach langem Suchen endlich entziffert hatte, lautete die Botschaft: 'Gehe direkt nach Reinhardstein'. Dort nämlich wartete ein Schatz auf ihn, der ihm Macht und Ruhm schenken würde. Der Mann begab sich auf den Weg und mußte viele Gefahren durchstehen. Es herrschte zu dieser Jahreszeit eine lange Trockenzeit. So standen Wiesen und Wälder in Feuer und Flamme. Der Mann ließ sich jedoch nicht beirren. Mutig zog er durch das Flammenmeer. Es blieben ihm noch drei Kilometer bis zur Burg, als er plötzlich eine unheimliche Müdigkeit verspürte. Dennoch zog er weiter, bis bei Nachteinbruch die Füße im Schlamm stecken blieben und seine Beine langsam im Venn versanken. Er raffte sich noch einmal zusammen und gab einen ohrenbetäubenden Schrei von sich. Anscheinend wurde dieser Schrei gehört, denn zwei Hunde, die unweit von diesem Unglücksort einen Hirten begleiteten, liefen plötzlich laut bellend davon. Der Hirte folgte ihnen und schaffte es, nach stundenlanger schwerer Arbeit den Mann aus dem Sumpf zu ziehen. Er war gerettet und zog weiter, direkt nach Reinhardstein, ohne seinem Retter in der Not zu danken. So kam er zur Burg, wo er auf dem Innenhof die Zauberformel sprach. Der Boden riß auf und er stürzte in einen Keller. Am Ende dieses Kellers befand sich ein starkes Licht. Doch dann wurden seine Glieder steif vor Angst. Dort nämlich wartete ein Drache auf das Kommen des Mannes. Dieser Drache wurde von der schönen Fee Mélusine, die den Schatz bewachte, geritten. Er brauchte noch eine Zauberformel, um den Schatz sein eigen nennen zu können. Er erinnerte sich jedoch nicht mehr an diese Zauberformel. Verzweifelt suchte er in seinen Taschen nach dem Pergament. Es schien jedoch verschwunden zu sein. Mélusine mußte kräftig lachen. Es folgte ein ohrenbetäubender Lärm und plötzlich erwachte der tapfere Mann auf den Steinen des Innenhofes. Einige Tage später soll ein Waldbewohner in einem Strudel der Warche eine Leiche gefunden haben. Niemand erkannte den Ertrunkenen, der bei den Selbstmördern an einem weitab gelegenen Ort des Friedhofes beerdigt wurde. Seitdem soll ein Gespenst um die Burg herumschwirren auf der Suche nach dem Geheimnis Reinhardsteins.

medy-Stavelot laufen. Danach folgten verschiedene Perioden der Fremdherrschaft. 1976 fusionierte Robertville mit der Gemeinde Weismes.

Früher war Robertville einmal ein wichtiges Gewinnungsgebiet für Torf. Heutzutage gilt Robertville viel mehr als ein touristisches Zentrum, das die Wünsche der anspruchsvollsten Touristen zu erfüllen weiß. Den Tourismus entdeckte Robertville bereits in den dreißiger Jahren, als die Staumauer der Warche gebaut wurde. Diese Staumauer trug erheblich zur Entwicklung des Tourismus in Robertville bei. Vier Jahre lang dauerten die Bauarbeiten (vom Dezember 1925 bis Juli 1929). Der künstliche See, der dadurch entstand, hatte ursprünglich eine doppelte Funktion. Er lieferte der hydro-elektrischen Zentrale in Bévercé Wasser zur Erzeugung von Elektrizität und der Stadt Malmedy Trinkwasser. Der See kann bis zu 8 Millionen Kubikmeter Wasser aufnehmen.

Robertville, ein Ort der durchschnittlich 550 Meter über dem Meeresspiegel liegt, inmitten einer beeindruckenden Naturlandschaft, ist ein idealer Ausgangspunkt für Naturwanderungen. Das Verkehrsamt arbeitete zirka fünfzehn Wanderungen aus. Außerdem gilt das Dorf, vor allem während der Sommermonate, als hervorragende Inspirationsquelle für Hobbymaler. Der 80 Hektar große künstliche See strahlt nicht nur Ruhe aus, er bietet auch Anglern, Seglern, Kanufahrern und Schwimmern Entspannung. Der Sandstrand wird vor allem im Sommer von vielen Sonnenhungrigen besucht.

Selbstverständlich lädt das Hohe Venn zu Erkundungen ein. Die lila Heidelandschaften, kleine Bäche, die ihren Weg suchen, die zahlreichen Waldbeersträucher und die Sumpfgebiete, die oft von Schilfrohr umgeben sind, bestimmen hier die Aussichten. Ein Besuch des Signal de Botrange mit seinem Steinturm, der Sie auf eine Höhe von 700 Meter bringt, darf mit Sicherheit nicht auf dem Programm fehlen. Bei klarem Himmel haben Sie hier eine überwältigende Weitsicht auf die deutsche Eifel, das Monschauer Land, die Elsenborner Umgebung, die Täler der Warche und der Amel, die Hügel um Spa und Francorchamps, ohne das Lütticher Hinterland und die weit verstreut liegenden Dörfchen des Herver Landes zu vergessen. Abends kann man sich am Signal de Botrange orientieren. Ein blaues Blinklicht brennt die ganze Nacht.

Weismes ist dem Touristen vor allem als Aufenthaltsort ein Begriff. Die zahlreichen Hotels, Campings und Ferienwohnungen sind dem natürlich nicht fremd. Weismes hat vor allem Natur und ausgedehnte Wandermöglichkeiten zu bieten. Das gilt insbesondere für die Weiler Gueuzaine und Champagne. Das Dorf, das bereits 888 in Urkunden erwähnt wurde, kann ebenfalls auf seine schmucke Sankt-Saturnin-Kirche hinweisen. Sie stammt aus dem 15. Jahrhundert und wurde als sogenannte 'Zweischiffkirche', eine Kirche mit zwei Mittelschiffen, erbaut. Ein majestätischer Turm krönt das Bauwerk. Im Inneren der Kirche sollte auf den Kupferleuchter aus dem 17. Jahrhundert, auf ein altes Taufbecken und zwei alabasternen Kalvarienfiguren aus dem frühen 16. Jahrhundert sowie die Figuren des heiligen Rochus und des heiligen Saturnin hingewiesen werden.

Sportlern wird Tennis, Reiten und Radfahren geboten. Der Spielplatz ist kostenlos zugänglich und wird von vielen Kindern gerne benutzt. Weismes ist übrigens ein hervorragender Ausgangsort für zahlreiche Ausflüge in die Umgebung.

DAS RARITÄTENKABINETT

DAS SCHLOSS REINHARDSTEIN. Eine der größten Sehenswürdigkeiten Ostbelgiens dürfte wohl die mittelalterlich scheinende Burg Reinhardstein in Robertville sein. Die Burg befindet sich nur einige Minuten vom Stausee Robertville entfernt. Autofahrern steht ein Parkplatz zur Verfügung. Von dort aus geht es eine Viertelstunde zu Fuß weiter zur Burg, in deren Umgebung sich übrigens der höchste Wasserfall Belgiens befindet. Die Warche stürtzt dort plötzlich sechzig Meter in die Tiefe. Die Burg liegt einmalig, in einer tiefen Schlucht entlang der Warche. Dieser Weg galt während des Mittelalters als einziger Weg zur Eifel.

Bis vor einem Vierteljahrhundert blieben von dieser Burg nur noch Ruinen übrig. Daß sie dennoch gerettet wurde und ihren früheren Glanz zurückerobern konnte, ist dem Einsatz Professors Jean Overloop zu verdanken, der übrigens einen Flügel dieses Schloßes bewohnt.

Das Schloß Reinhardstein, Perle der Ostkantone.

Die ursprüngliche Burg hat eine bewegte Geschichte durchgemacht, bevor sie verfiel. Im Jahre 1354 erhielt Renaud von Weismes vom Herzog Wenzeslas von Luxemburg die Genehmigung, eine befestigte Burg an diesem Ort zu bauen und sich dort niederzulassen. Laut Überlieferung stammten die Herren von Weismes von den alten Intendanten der Villa Karls des Großen in Weismes. Karl der Große, der von Aachen aus ein immenses Reich regierte, besaß in dieser Gegend ein ausgedehntes Jagdterritorium, wo er des öfteren verweilte.

Nach dem Zerfall wechselte die Burg regelmäßig den Eigentümer. Es regierten dort die Familien de Zivelle, Brandscheidt und Nassau. Danach kam die Burg, durch die Vermählung der Anna von Nassau mit Wilhelm von Metternich, in den Besitz dieser später so ruhmreichen Rheinländischen Familie. Die Metternichs bewohnten die Burg vom Jahre 1550 bis 1812. Die letzten Bewohner Reinhardsteins waren Franz Karl von Metternich, der Vater des berühmten Kanzlers, Franz II. von Österreich, Klemens Wenzeslas von Metternich, der 1814-1815 den Wiener Kongreß führte, und der nach dem Sturz Napoleons die Karte Europas neuzeichnete.

Die Restaurierung der Burg hat eine Menge Mühen gekostet. Professor Overloop realisierte, zumindest die erste Phase der Bauarbeiten, in einer Frist von anderthalb Jahren. Dafür mußte er jedoch zahlreiche Hindernisse beseitigen, nicht zuletzt die Volksüberlieferung, die hartnäckig an einer mythischen Bedeutung des Ortes glaubte. Als sich der Professor in einem Turm einrichtete, der größtenteils zerstört war, wagte sich keiner mehr nach Untergang der Sonne in die Nähe der Burg, selbst die Gendarmerie nicht. In Weismes boten Hoteleigentümer und Familien dem Professor sogar gratis Zimmer und Duschen an. So sehr waren sie davon überzeugt, daß er dort in größter Gefahr lebte.

Der Professor ließ sich jedoch nicht aus der Ruhe bringen. Er wollte und sollte die Burg in ihren ursprünglichen Zustand zurückversetzen. Es waren jedoch nur sehr wenige Zeichnungen und Fotos erhalten geblieben. Vor allem die romantischen Zeichnungen des Künstlers Mathieu Xhrouet, aus dem 18. Jahrhundert waren bei den Restaurierungsarbeiten bestimmend. Mit dem was an Schutt übrig blieb und durch vergleichende Studien mit bestehenden Burgen in der Eifel, hat der Professor, gemeinsam mit einigen sehr engagierten Mitarbeitern, die Burg Stein für Stein wieder aufgebaut. Sechzig Tonnen Steinblöcke wurden aus dem Tal nach oben geschleppt, während zwei Maurer und ihre Handlanger sie wieder aufbauten. Die zirka fünfzig schweren Balken, jeweils zehn Meter lang, wurden von Hand angebracht. Für das Dach wurden nahezu zwanzigtausend Schieferplatten verwendet. Viele Besucher, die die Hintergrundgeschichte nicht kennen, sind davon überzeugt, daß diese Burg ihren ursprünglichen Zustand behalten hat. Sie glauben oftmals nicht, daß es sich eigentlich um einen Wiederaufbau handelt – 500 Meter über dem Meeresspiegel, die höchstgelegene Burg!

Bereits 1973 stattete Prinz Paul von Metternich, Urenkel des Prinzen Klemens und heutiger Herr des Schloßes Johannisberg am Rhein, der wieder aufgebauten Burg einen Besuch ab. Dabei sprach er den Wunsch aus, diese Burg möge in Zukunft 'Burg Metternich' heißen. 1977 wurde die Burg offiziell unter Denkmalschutz gestellt. Ein Jahr später besuchten König Baudouin und Königin Fabiola die Festung, wobei sie ihrer Bewunderung für die von Professor Overloop geleistete Arbeit Ausdruck verliehen.

Die Burg kann zu bestimmten Zeiten besucht werden. Es gibt verschiedene Säle zu sehen. Anhand alter Dokumente und zahlreicher Gegenstände wird die reiche Geschichte der Burg und das Leben in einer solchen Festung dokumentiert. Im 'Wärtersaal' können Sie die Wappen der verschiedenen Familien, die jeweils die Burg bewohnten, bewundern. Das Wappen der Metternichs sticht hier hervor. Es besteht aus drei Jakobsmuscheln. Außerdem passieren alle europäischen Größen Revue, anhand verschiedener Figuren und Statuen, Gobelinen und Gemälden. So kann man in verschiedenen Sälen Figuren und Porträts von Karl dem Großen, Wilhelm von Oranien, Albert und Isabella, Josef II. und vielen anderen bewundern. Vor allem die große Schloßkapelle, wo regelmäßig Gottesdienste gefeiert werden, besticht durch ihre Schönheit. Sie gilt als eine der schönsten Europas, mit ihren bemerkenswerten Kirchenmöbeln, verschiedenen alten Statuen und Figuren, unter anderem Johannes den Täufer und die Heilige Katharina darstellend, sowie einer einmaligen Krippe mit lebensgroßen, holzgeschnitzten Figuren. Der Rittersaal fällt vor allem durch seine ungewohnten Maße auf. Hier gibt es Wandteppiche, Porträts, Antikkoffer, ein hübsches Lesepult, Hellebarden und zahlreiche kostbare Kunstgegenstände zu sehen. Diese tragen dazu bei, daß die Burg, auf deren Turmspitze die europäische Fahne weht, als Symbol für ihre beeindruckende, europäische Vergangenheit, noch immer eine mittelalterliche Atmosphäre ausstrahlt.

Auch wenn schon viel geschafft wurde, sind die Restaurierungsarbeiten noch immer nicht zu Ende gebracht worden. Unter anderem an der Festungsmauer sollen in Zukunft noch erhebliche Arbeiten durchgeführt werden. Reinhardstein darf sich inzwischen einer stets steigenden Besucherzahl erfreuen. Immer mehr Feste und Empfänge werden hier organisiert. Geführte Besichtigungen gibt es jeden Sonntag vom 15. Juni bis zum 15. September, am Oster- und Pfingstmontag, Christi Himmelfahrt, am 21. Juli und am 15. August, jeweils um 14.15 Uhr, 15.15 Uhr, 16.15 Uhr und 17.15 Uhr, sowie dienstags, donnerstags und samstags in den Monaten Juli und August, jeweils um 15.30 Uhr. Gruppen ab 40 Personen können die Burg, nach Voranmeldung, während des ganzen Jahres besuchen. Nähere Informationen: Burg Reinhardstein in 4950 Robertville (Tel. 080/44.64.40. und 080/44.68.68.)

Faymonville, die kleine Türkei

Tief im Ardenner Wald, südlich der Stadt Malmedy, liegen zwei malerische Dörfer, die mit Sicherheit mehr Ausstrahlung verdienen. Faymonville liegt an der Sprachengrenze zum deutschsprachigen Gebiet Belgiens. Die Einwohner werden 'Türken' genannt. Weshalb, wurde bisher nie ganz geklärt. Faymonville gilt als das östlichste wallonische Dorf Belgiens. Bereits in der Vergangenheit tanzte Faymonville immer wieder aus der Reihe. Das Dorf wurde niemals von den mächtigen Fürstbischöfen von Malmedy-Stavelot regiert. Das gleiche gilt übrigens für das Dorf Sourbrodt, das ebenfalls gerade außerhalb des deutschsprachigen Gebietes fällt. Zu diesen Zeiten gehörte Faymonville zur Grafschaft Luxemburg. Die Bewohner blieben somit von den zahlreichen Kollekten der Mönche verschont. Kein Wunder also, daß dies bei manchen Neidgefühle erzeugte. Die Hetze, die somit im nördlicher gelegenen Malmedy entstand, führte zu einem Spottnamen, den die Bewohner Faymonvilles erhielten. Sie wurden als Feinde des Christentums bezeichnet und deshalb 'Türken' genannt. Andere Historiker glauben, dieser Spottname käme daher, weil viele Männer, die im 15. Jahrhundert im Kampf gegen Ketzer ins Heilige Land zogen, um dort für das Christentum zu kämpfen, aus Faymonville stammten. Wie dem auch sei, die Einwohner Faymonvilles werden auch heute noch Türken genannt.

Faymonville, wo in früheren Zeiten auch Gold geschürft wurde, gehört nun zur Gemeinde Weismes. In diesem idyllischen Dorf mit seiner typischen Wiesenlandschaft, entspringen zwei Flüßchen: die Warchenne und der Goldbach. Deshalb gilt Faymonville auch als Anglerparadies.

Ligneuville, das Forellenparadies

Nicht weit von Faymonville entfernt befindet sich ein weiteres entzückendes Dörfchen. Es versteckt sich in einer unangetasteten Natur voller reicher Wälder und dahinplätschernder Bäche: Ligneuville oder Engelsdorf, so wie die Deutschen das Dorf nennen.

Der Name Ligneuville wurde zum ersten Mal in den Annalen um das Jahr 1210 herum erwähnt, als in Malmedy ein Haus für Leprakranke gegründet wurde. Damals war das Dorf in zwei Teile aufgeteilt, die jeweils einem anderen Herrscher gehörten. Die Amel bildete die Grenze zwischen beiden Gebieten. Der eine Teil gehörte der Abtei von Malmedy, während der andere Teil zum Herzogtum Luxemburg gehörte. Der Weiler Pont wurde bereits früher erwähnt, und zwar im Jahre 1188. Der Name des Weilers deutet auf die Brücke der Straße Malmedy-Sankt Vith hin.

Nach dem ersten Weltkrieg, im Jahre 1922, entstand die Doppelgemeinde Belleveaux-Ligneuvile. Das Dorf hatte zum Ende des zweiten Weltkrieges schwer unter der Rundstedtoffensive zu leiden. Viele Gebäude und die Fischzucht erlitten erheblichen Schaden. Durch die Gemeindefusion 1977 wurde der Geschichte des Ortes Belleveaux-Ligneuville ein Ende bereitet und die Doppelgemeinde kam zu Malmedy.

Im malerischen Weiler Belleveaux befindet sich das wahrscheinlich älteste Gebäude der Ostkantone: das Haus 'Maraite'. Auf der Türe wurde die Jahreszahl 1592 eingraviert. Seit dem Jahre 1746 bewohnen sieben aufeinanderfolgende Generationen der Familie Maraite dieses Haus. Viele ehemalige Eigentümer waren Müller. Die alte Mühle von Belleveaux, die aus dem Jahre 1387 stammen soll, können Sie auch heute noch bewundern. Sie wurde erst 1963 stillgelegt. Bergsportler, oder solche, die es mal werden wollen, werden am Felsen der Warche einen geeigneten Übungsplatz finden.

Das Dorf Ligneuville wurde jedoch vor allem wegen der Forellenzucht und dem legendären 'Monsieur Hawarden' bekannt. Doch dazu später mehr.

Ligneuville und Pont dürfen zweifellos die Wiege der Fischzucht Belgiens genannt werden. Die Forellenzuchtweiher gelten als besondere touristische Sehenswürdigkeit. Auf Anfrage können sie (kostenlos) besichtigt werden. Hermann und Hubert Gabriel waren im Frühling 1929 die Pioniere der Forellenzucht. Der zweite Weltkrieg zerstörte jedoch einen Großteil von dem, was sie aufgebaut hatten. Sie warfen die Flinte jedoch nicht ins Korn. Nach dem Krieg setzten sie ihre Arbeit mit neuem Elan fort, und so wuchs ihr Unternehmen zu einer der führenden Fischzuchten unseres Landes heran. Anfang der sechziger Jahre trennten sich jedoch die Wege der beiden Brüder. Während Hermann industrielle Fischzubereitungen betrieb, setzte Hubert – mit nicht weniger Erfolg – die Zubereitungen auf herkömmlicher Weise fort. Den Titel 'Hauptstadt der Forelle' erwarb Ligneuville 1984, als der örtliche Verkehrsverein gemeinsam mit den in Ligneuville ansäßigen Fischzüchtern im September das erste 'Festival de la Truite – Forellenfestival' organisierte. Für die im Jahre 1185 gegründete, ehrwürdige 'Confrérie des Chevaliers de la Truite'war es die Gelegenheit, den Ort als 'Capitale de la Truite' zu bezeichnen – ein Ehrentitel, den Ligneuville mit Sicherheit verdient, denn jährlich wird dort ein Umsatz von mehr als 7 Millionen Kilogramm Forelle realisiert. Seitdem wuchs dieses zweijährliche Ereignis zu einem großen Spektakel heran.

Die einmalige Natur, die Ligneuville umgibt, reizt vor allem, wie an vielen Orten der Ostkantone, den Wanderer. Unweit der Kirche dieses kleinen Ortes führen zirka zwanzig Wanderstrecken in die Wälder. Im Schnitt muß man zwei Stunde pro Wanderung vorsehen. Viele dieser Wanderungen führen durch dichte Wälder, vorbei an plätschernden Bächen. Manche gehen jedoch steil bergauf, bieten als Belohnung (wenn man die Spitze einmal erreicht hat!) herrliche Weitblicke. Die Wanderung durch den Wald von Houyire, eine Erhebung im Norden des Dorfskerns, konfrontiert den Wanderer mit einem Stück Geschichte. Die Rundwanderung führt über eine Höhe von durchschnittlich 500 Meter über dem Meeresspiegel und mündet in die legendäre 'route Napoléon'. Angeblich hat der Kaiser selbst diesen Weg quer durch den Wald, während eines seiner Aufenthalte in dieser Gegend, benutzt. Man kann auch zu Fuß nach Malmedy gehen. Für eine solche Wanderung – hin und zurück – sollte man jedoch vier Stunden vorsehen.

Seit vielen Jahren besteht zwischen Ligneuville und dem westflämischen Städtchen Tielt eine enge Beziehung. Alljährlich schenkt Ligneuville seiner Partnerstadt in Westflandern einen großen Weihnachtsbaum, der während der Festtage dann stolz den Tielter Marktplatz ziert. Zwischen beiden Gemeinden werden auch regelmäßig Begegnungen organisiert.

Wer die beeindruckenden Schönheiten der Natur um Ligneuville einmal genossen hat, der kehrt mit Sicherheit irgendwann zurück.

Das Raritätenkabinett

Monsieur Hawarden. Wer von der Autobahn aus Ligneuville erreicht, wird unweit des Friedhofes auf ein Hinweisschild 'Tombeau Monsieur Hawarden' stoßen. Wer war dieser mysteriöse 'Monsieur Hawarden', auf dessen Grabstätte ein Hinweisschild am Straßenrand aufmerksam macht, dem der flämische Autor Filip De Pillecyn, der vom Jahre 1926 bis 1933 im Malmedyer Athenäum Niederländisch unterrichtete, eine Novelle und der bekannte Regisseur Harry Kümmel 1967 einen bemerkenswerten Langspielfilm mit Senne Rouffaer in der Hauptrolle widmete? Um das Geheimnis zu lüften, sollten Sie zunächst einmal den Friedhof in Ligneuville besuchen. Dort erwartet Sie eine neue Überraschung, da zur Grabstätte des Monsieur Hawarden ein Stein gehört, der Mademoiselle Mériora Gillibrand gewidmet ist. Sie starb im Alter von 56 Jahren am 1. März 1863 in Ligneuville. Wie es damals wirklich war, wird wohl für immer ein Geheimnis bleiben. Lokalhistroiker und Schriftsteller konnten jedoch grosse Teile der merkwürdigen Geschichte rekonstruieren.

Die zuverläßigste Biografie Hawardens erschien aus der Hand eines gewissen Henri Cunibert im Jahre 1927. Er stützte sich dabei auf eine Kladde, die die Memoiren Hawardens enthielt und den Titel 'Souvenirs d'enfance et de jeuness' trug, zusammengetragen von Alexandre Micha, der treue Gefährte Hawardens, der im Jahre 1919 in Stavelot starb.

Um das Jahr 1850 herum soll Hawarden zur renomierten Familie Deschamps gezogen sein. Diese Familie hatte Kontakte zu niederländischen und französischen Hofkreisen. Sie hatte sich am linken Amelufer, in Pont,niedergelassen um dort nach vielen Reisen zur Ruhe zu kommen. Hawarden, geboren im Jahre 1807, war 43 Jahre alt, als er zur Familie Deschamps zog und bei ihr vier Zimmer mietete. Ein wichtiges Ereignis war letztendlich der Auslöser, weshalb Hawarden zu dieser Familie zog. Zwei Jahre zuvor hatte er während der Revolution 1848 in Paris nämlich ein unangenehmes Abenteuer erlebt. Während der Aufstände wurde er von der Polizei verhaftet und in einer Zelle mit Revoluzzer eingesperrt. Es war Herr Deschamps, der ihn letztendlich aus dem Gefängnis befreien konnte, sei es mit größter Mühe, nachdem er beweisen konnte, daß Monsieur Hawarden in Wirklichkeit... eine Frau war. Von diesem Moment an sollte 'sie' ihr Schicksal mit dem der Familie Deschamps verbinden und weiterhin als Mann durch das Leben gehen. Sie war eine elegante Erscheinung, die mit der örtlichen Bevölkerung menschfreundlich umging, oft kranke Kinder pflegte, selbst als sich herausstellte, daß sie an einer ansteckenden Krankheit litt. Als sie abends, und das geschah sehr oft, unterwegs war, trug sie immer gut sichtbar in ihrem eng anliegenden Mantel zwei Revolver. Vor allem bei schlechter Witterung liebte sie Spaziergänge. Als Hawarden nach Pont zog, war Alexandre Micha gerade erst zwölf Jahre alt. Schon bald wurde er ihr täglicher Begleiter. Oft unternahmen sie gemeinsam ausgedehnte Wanderungen nach Sankt-Vith, Malmedy, Bütgenbach und Reinhardstein, um nur einige zu nennen. Hawarden galt übrigens auch als guter Schütze, vor allem auf der Schießscheibe, sowohl mit dem Gewehr als mit dem Revolver. An langenWinterabenden schien Hawarden eine hervorragende Erzählerin gewesen zu sein, wenn sie von ihren zahlreichen Reisen zu berichten wußte. Niemals hat sie jedoch jemanden erzählt, weshalb sie Männerkleidung trug und zurückgezogen, weit weg von der Pariser 'beau monde', lebte, wo sie aufgewachsen war. Lediglich vier Personen in Pont kannten ihre wahre Identität. Nach ihrem Tod tat die Gerüchteküche ihre Arbeit. Manche behaupteten sogar, daß sie seit einem Mord aus Leidenschaft vor der Geheimpolizei auf der Flucht war. Der wirkliche Grund war jedoch ein ganz anderer. Alexandre Micha hatte ihn durch einen Bekannten Hawardens namens Querinjean erfahren. Demzufolge hatten zwei Männer aus Adelskreisen um ihre Hand gekämpft – eine verbissene Rivalität, die, wie das damals üblich war, zu einem Duell führte. In diesem Duell soll der Mann, den Hawarden liebte, jedoch gestorben sein. In ihrer Verzweiflung soll sie daraufhin den Gegner ihres Verlobten – einen Offizier – niedergestochen haben. Dabei wurde sie jedoch selbst an der Brust verletzt. Es soll jedoch niemals eine gerichtliche Verfolgung stattgefunden haben. Anders als sie selbst immer zu verstehen gab, stammte ihre Familie aus Paris. Zwei ihrer Schwestern waren Oberinnen in einem vornehmen religiösen Orden. Finanzielle Probleme kannte sie nicht. Gegen Ende ihres Lebens hin verkrachte sie sich jedoch mit der Familie Deschamps und zog alleine, mit ihrer Magd, nach Ligneuville. Ihr Gesundheitszustand verschlechterte sich jedoch blitzartig. So starb sie am 1. März 1863. Am darauffolgenden Tag soll Aubin Querinjean im Gemeindehaus in Recht den Tod Arthur Hawardens gemeldet haben: verstorben im Alter von 52 Jahren, Geburtsort unbekannt und Eltern unbekannt. Aus dieser Geschichte geht hervor, daß ihr wahres Geschlecht auch während ihres Todes nicht bekannt wurde. Während der Beerdigung soll der Priester dieser Diskussion aus dem Wege gegangen sein, indem er um ein Gebet für die verstorbene 'Person' bat.

Später wurde die Sterbakte wegen der Erbschaft, durch eine Entscheidung des Gerichtshofes erster Instanz in Aachen revidiert, als ihr Schwager Graf de Mouïse nach Ligneuville gekommen war. In dieser verbesserten Akte, vom 22.

Juni 1863, steht geschrieben, daß der wirkliche Name des Verstorbenen Maria Méliora Gillibrand war: 56 Jahre alt, ledig, Tochter von Thoma Gillibrand (verstorben) und Marcelle Gillibrand-Gould (verstorben).

Rund um den Bütgenbacher See

Wasser, eines der Urelemente, hat durch die Jahrhunderte hindurch immer wieder die Fantasie der Menschen angeregt. Vielleicht liegt darin die Kraft Bütgenbachs, ein Dorf an einem künstlichen See, das vor allem in den Sommermonaten eine überwältigende touristische Ausstrahlungskraft besitzt. Die Popularität Bütgenbachs färbte sich übrigens auf zahlreiche oft malerische, umliegende Dörfer, wie Büllingen, Rocherath und Wirtzfeld, sowie in gerinerem Maße auf Elsenborn und Weywertz.

Wasserparadies Bütgenbach-Berg

Bütgenbach ist zweifellos eines der wichtigsten touristischen Zentren der Ostkantone. Der Name wurde vom Spruch 'mit den Bütten zum Bach' abgeleitet. Mit 'Bach', bzw. die Warche oder 'Work' war der Brunnen auf dem Bütgenbacher Marktplatz gemeint, wo früher übrigens keine Bäume wuchsen. In vergangenen Zeiten war der Bütgenbacher Marktplatz ein öffentlicher Waschort. Hier holte die Bevölkerung vom Lande auch das Wasser für die Tiere. Bütgenbach ist längst von einem landwirtschaftlichen Dorf zu einem vom Tourismus gekennzeichneten Ort herangewachsen.

Hier lebt der Fremdenverkehr, erst recht im Sommer, wenn tausende und abermals tausende Touristen zum 120 Hektar großen See ziehen. Der ausgedehnte See bestimmt seit dem Jahre 1932, als der Staudamm fertiggestellt wurde, das Aussehen des geselligen, malerischen Dörfchens. Die Staumauer hat eine Höhe von 23 Meter und eine Länge von 140 Meter. Sie besteht aus elf Gewölben, die auf zwanzig Meter langen Pfeilern gebaut wurden. Das Wasser gehört der Elektrizitätsgesellschaft Electrabel, die hier dank der Zufuhr von 12 Millionen Kubikmeter Wasser jährlich 2 Millionen kW/h Strom produziert. Desweiteren dient die Wassermasse als Reserve für den See von Robertville.

TOURING CLUB. Die Idee die Warche, die in den tiefen Wäldern um Losheimergraben entspringt, zu stauen, entstand in den zwanziger Jahren und wurde ein gutes Jahrzehnt später in die Tat umgesetzt. Dieses riesige Projekt hat in großem Maße zur touristischen Entfaltung der Region beigetragen, auch wenn sich der erste Boom erst nach dem Zweiten Weltkrieg durchsetzte. Der Königliche Touring Club Belgiens hat erheblich dazu beigetragen.

Kurz nach der Errichtung der Mauer kamen nur vereinzelte Touristen nach Bütgenbach. Lediglich einige Hobby-Angler aus Verviers versuchten von Zeit zu Zeit ihr Glück. Der Krieg machte jedoch auch diesen Anglern einen Strich durch die Rechnung. Die Deutschen befürchteten eine Katatstrophe bei einer Bombardierung der Staumauer und verteidigten die Mauer. Zum Glück kam es nicht zu der befürchteten Katastrophe.

Die Einführung des bezahlten Urlaubs (eigentlich kurz vor dem Krieg) hatte eine positive Auswirkung auf die touristische Entwicklung Bütgenbachs. Die Angler von damals kehrten zurück und sie blieben. Sie campten in Zelten rund um den See herum in der freien Natur. Die Gemeinde drückte ein Auge zu. Das Campen nahm jedoch unaufhörlich zu, und manche blieben bis zu einem Monat vor Ort. Der 1953 gegründete Verkehrsverein wollte diese neue Entwicklung jedoch unterstützen und baute ein Lokal aus Holz mit Dusche, Umkleidekabinen und Toiletten. Es wurde ein Aufenthaltsraum mit Ausschank eröffnet. Im Jahre 1955 schien die Entwicklung nicht mehr rückgängig gemacht werden zu können, erst recht nicht als 1958 die Weltausstellung nach Brüssel kam. Der Belgische Touring Club nahm Kontakt auf mit den verschiedenen Verkehrsvereinen, um eine Campingrally mit Ziel Bütgenbach zu organisieren. Es gab jedoch ein Problem: die bestehenden Campingplätze waren zu klein, um allen Teilnehmer einen Zeltplatz anbieten zu können. Somit mußten die Landwirte der Umgebung um Zeltplätze gebeten werden. Diese Touring-Veranstaltung machte den Namen Bütgenbachs bekannt, denn es kamen Camper aus Verviers, Lüttich und sogar aus Flandern und Brüssel. Der größte Boom kam jedoch, als der Staat das ADEPS-Sportzentrum 'Worriken' mit imposanter Sportinfrastruktur baute. Fünf mögliche Standorte kamen damals in Frage: Eupen, Robertville, Gileppe, Nisramont und Bütgenbach. Daß die Wahl letztendlich auf Bütgenbach fiel, hatte unter anderem mit der herrlichen Lage Bütgenbachs und mit den günstigen Winden für Segler zu tun. Außerdem waren hier ausgedehnte Wiesen und Felder zum Bau des gesamten Komplexes (unter anderem der futuristischen Wohnungen, die erst später erbaut wurden) unbebaut. Es mußte nicht einmal ein Wald gefällt werden! Das gesamte Projekt kostete mehr als eine Milliarde Franken. Der örtliche Verkehrsverein setzte sich ein für das Anlegen eines Badestrandes sowie für den Neubau eines Kinderschwimmbeckens mit modernen Duschen, Umkleidekabinen und eines Restaurants mit großer Terrasse und Sicht auf den See. Der Bütgenbacher Tennisclub vervollständigte die Sportinfrastruktur mit dem Bau von sieben Tennisplätzen.

Damals zählte Bütgenbach ein einziges, kleines Hotel. Momentan sind es deren bereits sieben, ohne den modernen Campingplatz mit 320 Stehplätzen, und ein überwältigendes Angebot von Privatübernachtungen zu vergessen.

SCHWARZER TEUFEL. Dennoch hat Bütgenbach keine uninteressante Vergangenheit. Die ältesten Eigentümer dieses Gebietes, waren die Herren Limburgs, die hier während des Mittelalters in einer Burg herrschten. So gewährte Walrand der Alte 1214 allen Weinen aus dem Ahrtal, die für den persönlichen Konsum der Mönche des Klosters von Stavelot bestimmt waren, freien Durchgang. Später sollte ein Streit entstehen, wem denn nun Bütgenbach gehört. Einerseits erhob der Luxemburger Hof Anspruch auf dieses Gebiet, andererseits der Herzog Viandens. Das Gericht der Edelen wies die Domänen Sankt Viths und Bütgenbachs jedoch dem Herzog von Vianden zu. Dennoch ging der Streit weiter. Ein weiteres Gerichtsurteil bestätigte das erste. Die Bewacher der Bütgenbacher Burg mußten jedoch dem Grafen von Luxemburg die Treue schwören. Letztendlich sollte das Gebiet kurze Zeit später in die Hände des Hauses von Nassau übergehen. Die Burgruinen blieben bis um das Jahr 1930 erhalten und wurden dann dem Boden gleich gemacht. Lediglich einige Fundamente am Seerand blieben stehen. In der Burg, so die Überlieferung, soll ein großer Schatz versteckt gewesen sein, so wie in der Burg Reinhardstein. Die Schatztruhe wird jedoch von einem schwarzen Teufel bewacht.

Erhalten blieb jedoch der stattliche Schloßbauernhof 'Hof von Bütgenbach'. Er stammt aus dem 15. Jahrhundert und mußte mehrmals restauriert werden. Heute, nach dreijährigen Umbauarbeiten, beherbergt er ein Senioren- und Pflegeheim. Auch der modernen, massiven Sankt-Stefanuskirche aus dem Jahre 1931 sollten Sie unbedingt einen Besuch abstatten. Diese Kirche enthält näm-

Die Wirtzfelder Kirche. Ein Gefallenendenkmal.

lich noch eine Menge Kostbarkeiten aus der alten Kirche, unter anderem die schönen Grabsteine der zwei ehemaligen Herren Bütgenbachs, Jacob von Reiffenberg (verstorben im Jahre 1567) und Johans von Bulich (verstorben im Jahre 1593) sowie ein bemerkenswertes Taufbecken aus dem 13. Jahrhundert und Mobiliar aus dem 15. Jahrhundert.

Wirtzfeld

Von Bütgenbach aus führt ein gewundener Weg am Bütgenbacher See entlang und dann quer durch den Wald nach Wirtzfeld. Wirtzfeld heißt 'Wirt im Feld'. Das deutet darauf hin, daß es hier früher bereits eine Unterkunft für (verirrte) Wanderer im Hohen Venn gegeben haben muß. Das Dorf liegt an der Holzwarche, kurz vor der Mündung im Bütgenbacher See. Eine der wichtigsten Sehenswürdigkeiten in diesem Wanderparadies ist die neugotische Sankt Annakirche aus dem Jahre 1687. Im 18. Jahrhundert wurde sie gründlich restauriert. Einmal im Jahr feiert Wirtzfeld ein großes Fest. Am letzten Augustwochenende organisiert dort die Königliche Musikkapelle das sogenannte 'Saubrennen'. Siebzehn Schweine am Spieß werden dort gegrillt. Oft ist diese Veranstaltung der Anlaß für Festlichkeiten bis in den frühen Morgenstunden.

Rocherath

Einige Kilometer von Wirtzfeld entfernt liegt der höchstgelegene Ort Belgiens, Rocherath. Tannenwälder bestimmen hier das Aussehen des Ortes, der bis zu 693 Meter über dem Meeresspiegel liegt. Die deutsche Grenze ist nicht weit entfernt; ein Weg führt nach Wahlerscheid und weiterhin nach Schleiden in der deutschen Eifel. Genauso wie Wirtzfeld hatte auch Rocherath schwer unter der Rundstedtoffensive zu leiden. Es wurde nahezu ganz verwüstet. Nach dem Krieg wurde das Dorf wieder aufgebaut, darunter auch die Kirche, die Johannes dem Täufer geweiht ist und im Jahre 1953 erbaut wurde. Diese neuromanische Kirche auf einer Höhenlage von 645 Meter ist das höchst gelegene Gotteshaus Belgiens.

Rocherath entwickelte sich vor allem im Winter – wenn viel Schnee liegt – zu einem Publikumsmagneten. Zunächst war es die inzwischen legendäre 'Fagnarde', ein Massen-Langlaufwettbewerb an dem oft bis zu zehntausend Hobbylangläufer teilnahmen, die Rocherath bekannt machte. Später wurde dieser Volkslauf von der Belgian Eifel Ski Tour ersetzt. Dieser Lauf findet bei genügender Schneelage im Januar statt.

Büllingen, wo sich Wege kreuzen

An der anderen Seite Bütgenbachs befindet sich das Dorf Büllingen, ebenfalls von Wäldern umgeben. Letztere machen ein Viertel der Gesamtfläche der Großgemeinde aus. Mit 34 Einwohnern pro Quadratkilometer gilt Büllingen mit seinen 5000 Einwohnern als die dünnstbesiedelte Gemeinde Ostbelgiens.

Büllingen hat übrigens eine reiche Geschichte. Zur Zeit der Römer lag Büllingen genau an der Kreuzung der Heerstraßen Reims-Köln und der Via Mansuerisca, dem alten Weg von Trier nach Maastricht. Später kam Büllingen in den Besitz der Franken und wurde zur Zeit der Karolinger ein Königshof. Aus alten Folianten stellte sich heraus, daß dort am 25. September 940 der König und spätere Kaiser Otto I. verweilte.

Die erste schriftliche Erwähnung des Ortes geht auf das Jahr 780 zurück, als eine adlige Dame, Leuda, all ihre Eigentümer um Büllingen der Abtei des luxemburgischen Echternach schenkte. Diese Urkunde war die Basis für die beachtenswerten 1200-Jahrfeiern, die sich vom Oktober 1989 bis Oktober 1990 hinzogen.

DORF AN ZWEI WASSERLÄUFEN. Auch Büllingen mußte immer wieder neue Herrscher dulden. Im 12. Jahrhundert gehörte das Dorf der Abtei in Malmedy. Im 15. Jahrhundert wurde das Gebiet jedoch unter drei Herrschern aufgeteilt: unter dem Fürsten Oraniens (Luxemburg), dem Kürfürsten Triers und dem Herrn von Jünkerath-Schleiden. Diese komplizierte Konstruktion führte zur Bezeichnung 'Dreiherrenwald'. Das Gemeindewappen, das den Luxemburgischen Löwen, das Trierer Kreuz und den Schleidener-Jülicher Balken enthält, zeugt auch heute noch von diesem Bündnis. Nach der französischen Besatzung kam Büllingen wie soviele andere Gemeinden Ostbelgiens zu Preußen, anschließend zu Belgien. 1940 wurde der Ort deutsch, um letztendlich 1944 wiederum belgisches Territorium zu werden.

Sowohl die Warche als auch die Our entspringen in Losheimergraben an der deutschen Grenze. Deshalb spricht man auch vom Dorf an zwei Wasserläufen. Sehr bekannt ist der sogenannte 'Weiße Stein'. Er befindet sich eigentlich auf dem Grundgebiet des Weilers Mürringen. Mit seiner Höhenlage von 692 Meter über dem Meeresspiegel gilt er als der zweithöchstgelegene Punkt Belgiens.

Die Sankt-Eligiuskirche im Herzen der Ortschaft stammt ursprünglich aus dem 16. Jahrhundert. Der Turm wurde jedoch bereits im 12. Jahrhundert auf den Resten römischer Fundamente errichtet. Am Eingang der Kirche befindet sich ein Denkmal zur Erinnerung an die gefallenen Soldaten beider Weltkriege. Entlang der Straße Büllingen-Rocherath steht auch ein Denkmal zur Erinnerung an den ersten, am 10. Mai 1940, umgekommenen Gendarmen unseres Landes. Zwischen Büllingen und Bütgenbach erhebt sich zudem ein Obelisk mit den eingravierten Namen der Opfer der ersten amerikanischen Infanteriedivision, die ihr Leben während der kriegerischen Auseinandersetzungen der Rundstedt-Offensive lassen mußten.

Inzwischen ist seit vielen Jahrzehnten wiederum Ruhe in Büllingen eingekehrt. Die Grenzübergänge sind seit Öffnung der innereuropäischen Grenzen nicht mehr besetzt. Sowohl im Sommer als auch im Winter suchen Touristen diesen Ort gerne auf, sei es zum Wandern oder um Langlauf zu betreiben. In der Hauptstraße fallen die zahlreichen Bankfilialen auf, die gerne von deutschen Nachbarn aufgesucht werden.

Das Militärlager in Elsenborn

Das Dorf Elsenborn ist erst viel später entstanden. Es wurde 1501 zum ersten Mal erwähnt. Es erstreckt sich ebenfalls auf einer Hochebene an der deutschen Grenze. Hier soll, laut der Überlieferung, Karl der Große verweilt haben. Hier steht sein 'Bett' – ein riesiger Quartzitklumpen, in dem man – mit ein bißchen Fantasie – ein Bett erkennen kann. Dieses Dorf im Hohen Venn ist vor allem wegen seines großen Militärlagers, drei Kilometer vom Ortskern entfernt, bekannt. Es wurde 1894 von Preußen gegründet. Heutzutage dient es trotz der Umstrukturierung der Armee als Übungsplatz für Panzer und Artillerie. Während des Krieges benutzten die Deutschen, die das Gebiet annektiert hatten, das Lager als Kriegsgefangenenlager für russische Kriegsgefangene. Diejenigen, die diese grausamen Jahre nicht überlebten, wurden auf einem kleinen Friedhof im drei Kilometer weiter entfernten Weiler Nidrum beerdigt.

Obwohl das Militärlager die Landschaft Elsenborns nicht unbedingt im günstigsten Sinne beeinflußt hat, gilt die Gegend als hervorragendes Wandergebiet mit einer seltenen Flora und einer unangetasteten Natur. So gibt es verschiedene Möglichkeiten langer Wanderungen, beispielsweise zum bekannten 'Kreuz im Venn' oder zum sogenannten 'Grünen Kloster', wo Fundamente mittelalterlicher Gebäude gefunden wurden, die auf ein Kloster aus dem 13. Jahrhundert schließen lassen.

Ländliches Weywertz

Ungefähr auf halbem Wege zwischen den Stauseen von Robertville und Bütgenbach gelegen, ist Weywertz das größte Dorf im Süden der Deutschsprachigen Gemeinschaft. Das Dorf an der Warche zählt heute rund 1600 Einwohner und gehört zur Gemeinde Bütgenbach.
Über die Herkunft des Namens Weywertz sind sich Historiker und Namensfor-

scher nicht einig. Der Volksmund sieht in dem Namen eine Ableitung des Wortes 'Weiber'. Im Mittelalter seien einmal alle Männer der Ortschaft im Krieg gewesen, und deshalb habe man der Siedlung die Bezeichnung 'Zu den Weibern' gegeben, von der später der Name Weywertz abgeleitet worden sei.

Bis in unser Jahrhundert hinein war Weywertz ein typisches Venndorf mit niedrigen strohgedeckten Bauernhäusern. Durch den Bau der Vennbahn und der Strecke Weywertz-Jünkerath wurde Weywertz um die Jahrhundertwende ein bedeutender Eisenbahnknotenpunkt, und die Ortschaft – insbesondere der Bereich am Bahnhof – entwickelte sich rasch. Heute ruht der Bahnbetrieb größtenteils, doch das Dorf hat sich weiterentwickelt und ist eine große Wohnsiedlung, die ihren ländlichen Charakter erhalten hat.

Zu den Sehenswürdigkeiten gehören die im Jahre 1959 errichtete Sankt-Michaelskirche, die um einen neuromanischen Turm aus dem Jahre 1871 herum gebaut wurde. Majestätisch streckt auf dem Kirchplatz eine mehr als dreihundertjährige Linde ihre Äste aus. Sie ist über zwanzig Meter hoch und wurde vermutlich 1668 vom Kölner Erzbischof anläßlich der Errichtung der ersten Kapelle des Dorfes gepflanzt.

Idyllisch liegt die ehemalige Mühle, ein schöner Gebäudekomplex in verputztem Bruchstein, im Norden des Dorfes am Ufer der Warche. Ausgedehnte Wiesen und Wälder laden zu herrlichen Spaziergängen ein, während die Angler an mehreren Fischweihern oder an den nahen Stauseen ihrem Hobby frönen können.

Das Raritätenkabinett

Der weisse Stein von Büllingen. Nach dem Signal de Botrange gilt der Weiße Stein als der zweithöchste Punkt Belgiens. Dieser 'Weiße Stein' hat so manchem Historiker und Wissenschaftler schlaflose Nächte bereitet. Er liegt im Bochsvenn, östlich von Mürringen, auf belgischer Seite an der Straße von Losheimergraben nach Schleiden (Deutschland), genau auf der Wasserscheide zwischen Maas und Rhein, und dominiert den höchstgelegenen Punkt. Dieser Findlingsblock verfärbte sich grau im Laufe der Jahrhunderte und verdankt daher diesem Umstand seinen Namen. Er ist 2,72 Meter lang und zwischen 2,17 und 1,52 Meter breit. Wie tief er im Boden steckt, konnte bisher nicht genau ermittelt werden. Viele Wissenschaftler haben sich bereits die Frage gestellt, wie dieser Stein hierher gekommen ist. Bisher konnten sie jedoch keine passende Antwort finden. Manche glauben, es könnte sich um einen niedergegangenen Meteoriten handeln. Dies konnte jedoch nicht wissenschaftlich bewiesen werden. Andere wiederum glauben, es könnte sich um einen ehemaligen heidnischen Kultplatz handeln. Der Historiker Professor Willems gab dafür eine Erklärung. 'Unweit vom Weißen Stein befindet sich der sogenannte Odekopf, ein Name, den man mit dem nordischen Gott Odin oder Wotan in Verbindung bringen kann. Die ursprünglichen heidnischen Bewohner dieses desolaten Gebietes haben diesen Gott wahrscheinlich angebetet und haben ihm wahrscheinlich Opfer (Lämmer) gebracht'. Wie dem auch sei, fasziniert dieser Stein auch heute noch sehr viele.

Das obere Ameltal

Wenn wir einmal die Hochebene des Hohen Venns überwunden haben, beginnt eine andere Landschaft, die in der Nähe des Städtchens Sankt Vith zur gänzlichen Entfaltung kommt. Wir befinden uns hier im Herzen der belgischen Eifel, ein Gebiet, das sich durch dichte Wälder, grüne Wiesen und zarte Hügel auszeichnet, durch die sich die Amel schlängelt. Eine Gegend, in der hinter jeder Kurve ein neues, weites Panorama auftaucht, und in der überraschend schöne Weiler die sehr unterschiedlichen Grüntöne der Wälder und Wiesen oft brutal brechen. Doch es gibt noch einen weiteren grundlegenden Unterschied zum nördlichen Teil der Ostkantone: in der Eifel wird ein anderer Dialekt gesprochen, ein Dialekt, der stark dem Fränkischen aus dem Moselgebiet gleicht, während in Eupen und Umgebung der rheinländische Dialekt überwiegt. Auch hier erwartet uns eine oft überraschende Entdeckungsfahrt.

Sankt Vith, das Handelsmekka

Sankt Vith war einmal ein bezauberndes Städtchen mit sich schlängelnden Gäßchen, dutzenden lieblichen Fachwerkhäusern, mit Blumen geschmückten Innenhöfen und bunt bemalten Fassaden. Wer regelmäßig die Zeitschrift 'Zwischen Venn und Schneifel', die monatlich vom örtllichen Geschichts- und Museumverein herausgegeben wird, durchblättert, wird dies anhand der zahlreichen Fotos, wohl bestätigen können. Viele ältere Bewohner des Städtchens, das heutzutage 3.200 Einwohner zählt, denken noch oft an die Ereignisse in der Weihnachtsnacht des Jahres 1944 zurück. Was ein friedvolles Fest werden sollte, wurde zu einem Alptraum für hunderte Familien. An diesem Tag nämlich wurde während der schrecklichen Rundstedt-Offensive Sankt Vith von alliierten Bomben in Schutt und Asche gelegt. Von den 596 Häusern, die das Städtchen damals zählte, wurden 563 Stück größtenteils zerstört. Lediglich ein aus dem Mittelalter stammendes Gebäude blieb wie durch ein Wunder erhalten, allerdings beschädigt: der Büchelturm, ein Turm der früher einmal Teil der mittelalterlichen Stadtfestung ausmachte. Eine Gedenkplatte in der Nähe des Turms erinnert an seine bewegte Geschichte: 'Um 1350 gebaut. Die Schleifung 1689 ich überstand. 1944 von Bomben beschädigt. 1961 wieder hergestellt'. Diese Sätze fassen einen Großteil der Geschichte dieses ehemaligen wichtigen

Knotenpunktes zusammen. Die Zerstörung 1689 geschah durch die Franzosen, die jedoch aus irgend einem Grund den Büchelturm stehen ließen. Dennoch begann die Geschichte Sankt Viths bereits viel früher, nämlich im Jahre 863 nach Christi Geburt. In diesem Jahre wurden die Reliquien des Heiligen Vitus aus St.-Denis in Frankreich ins westfälische Städtchen Korvey überbracht. Unterwegs übernachteten die Mönche, die damit beauftragt waren, in Sankt Vith. An dem Ort, wo sie die Nacht verbrachten, wurde später eine Kapelle zu Ehren des Heiligen erbaut. Somit schenkte der Heilige Vitus diesem Ort seinen Namen. Die Kapelle wurde im Laufe der Jahrhunderte oft vergrößert und angepaßt. Die heutige erneuerte Kapelle stammt aus dem Jahre 1954.

Schon sehr früh war Sankt Vith als Marktplatz bekannt. Die sogenannte 'Wildbaumusurkunde' des Erzbistums Köln aus dem 12. Jahrhundert deutet darauf hin. Seitdem ist Sankt Vith immer ein wichtiges Handelszentrum geblieben. Später regierten hier die Luxemburger, und noch später das Haus Limburg-Valkenburg. Im 14. Jahrhundert baute der letzte Nachfahre des Hauses Valkenburg, Johann, die Stadt zu einer Festung um. Der Büchelturm ist heute der einzige stille Zeuge dieser Zeit geblieben. Später kam das Haus von Nassau (die damalige Königin der Niederlande trug neben ihrem Titel Prinzessin von Oranien-Nassau auch den Titel Baronin von Sankt Vith). In unserem Jahrhundert wurde dieser Ort belgisches Gebiet.

Vor dem Zweiten Weltkrieg wuchs Sankt Vith zu einem wichtigen Verkehrs- und vor allem Eisenbahnknotenpunkt heran. Der gesamte Verkehr der Nord-

Ein alter Hof bei Amel.

Süd-Achse durchquerte nämlich Sankt Vith, wo an die tausend Personen bei der Eisenbahngesellschaft beschäftigt waren, bis der Krieg dieser wichtigen Aktivität ein Ende bereitete.

Nach dem Krieg, Ende der vierziger Jahre und Anfang der fünfziger Jahre, wurde das Städtchen modern wieder aufgebaut. Ihm fehlt jedoch gewissermaßen die Ausstrahlung von damals. Heutzutage gilt Sankt Vith vor allem als Handelszentrum, eine Funktion, die das Städtchen seit dem Mittelalter bereits inne hatte. Seit der Fusion der Gemeinden gehört Sankt Vith zu den größten Einheiten Belgiens. In den Ostkantonen ist lediglich Büllingen noch größer. Obwohl viele Einwohner der Umgebung hier einkaufen, erstickt Sankt Vith nicht im Verkehr, auch wenn die Hauptstraße ein großes Einkaufszentrum ist. Beachten Sie hier übrigens das riesige Angebot flämischer Stilmöbel. Die Stadt erwarb auf diesem Gebiet einen großen Ruf, vor allem bei den Deutschen, die hier oft ihre Möbel einkaufen. Urlaubsgäste finden hier ein breites Angebot an guten Hotels und Restaurants zu erschwinglichen Preisen.

Crombach-Rodt, ein echtes Eifeldorf, wird lediglich von der Autobahn E42, die Lüttich mit Trier verbindet, von Sankt Vith getrennt. Das Dorf ist vor allem auf seine 'Rodter Buchen' außerordentlich stolz, eine Gruppe roter Buchen, die unter Denkmalschutz steht.

Das alte Amel

Nur einige Kilometer nordöstlich von Sankt Vith erreichen wir Amel, eine Gemeinde, die sich aus neunzehn kleineren Dörfern zusammensetzt, nahezu ganz von Wäldern eingeschlossen und mit einer reichen Vergangenheit. Der Name 'Amel' stammt aus dem Keltischen und bedeutet 'Wasser'. Amel gilt als eine der ältesten Niederlassungen zwischen Venn und Schneifel (die belgische Eifel). Vor allem die Römer hinterließen hier Spuren. Zwei Heerstraßen durchkreuzten zur Zeit der römischen Besatzung den Ort Amel. Diese Besatzung dauerte vom Jahre 57 vor Christus bis 450 nach Christus. Eine Heerstraße führte von Reims nach Köln und durchquerte die Orte Sankt Vith, Amel, Möderscheid und Büllingen. Die zweite Heerstraße zog von der Mosel zur Maas und wurde die Via Mansuerica genannt. Trier und Maastricht wurden über Sankt Vith, Deidenberg, Iveldingen, Faymonville und dem Hohen Venn mit einander verbunden. Regelmäßig wurden römische Spuren entdeckt. Im Wolfsbusch beispielsweise findet man heutzutage noch einige bemerkenswerte Mahlsteine, die während der keltischen Vorherrschaft zum Mahlen des Getreides benutzt wurden. Zwischen Deidenberg und dem Goldschürferdorf Montenau, wozu gleich mehr, wurden 1868 die Überbleibsel einer riesigen römischen Villa (75 x 30 Meter!) gefunden.

KARL MARTELL. Die erste schriftliche Erwähnung Amels stammt aus dem Jahre 670 in einer Urkunde Königs Childerich II. Somit gilt Amel als die älteste Niederlassung der Ostkantone. Von sehr weit kamen die Menschen hierher zur Kirche. Dies könnte eventuell erklären, weshalb es in Amel zwei Kirchen gibt. Aus dieser Schrift stellt sich außerdem heraus, daß dort, wo sich heute die Kirche befindet, früher einmal die legendäre 'Curtis amblava' oder Ameler Hof gestanden haben muß. Von dieser Festung aus wurde die ganze Umgebung regiert. Ebenfalls in Amel schlug der schon genauso legendäre Karl Martell in einer wichtigen Feldschlacht die Neustrier. Diese Schlacht, die an einem sommerlichen Tag im Jahre 716 ausgetragen wurde, sollte die karolingische Vorherrschaft in unseren Gebieten definitiv einläuten, weil Adel und Klerus, die zunächst einmal abwarteten, sich dadurch den neuen Machtverhältnissen beugten. Diese Schlacht wurde auf hervorragende Weise in den 'Metzer Annalen' beschrieben. Der Historiker Professor Bernard Willems aus Sankt Vith hat diesbezüglich eine interessante Studie veröffentlicht.

Um das 14. Jahrhundert eroberte das Herzogtum Luxemburg Amel. Die Region blieb in luxemburgischem Besitz bis zur Französischen Revolution. Nach dem Wiener Kongreß wurde Amel preußisch und später, nach dem Ersten Weltkrieg, belgisch.

Zu den Sehenswürdigkeiten des Dorfes, das jetzt in einem tiefen Schlaf zu liegen scheint, zählt sicherlich die Kirche, die im Jahre 1930 wieder aufgebaut wurde, nachdem sie während des Ersten Weltkrieges völlig zerstört worden war.

Blick auf das Ameltal.

Der Architekt war ein gewisser Cunibert aus Malmedy, der bei den Arbeitern allerdings nicht sehr beliebt war. Letztere erlaubten sich daher einen Jux und meißelten das Gesicht des Architekten in das Gestein oberhalb eines Fensters. Neben der Kirche steht das sogenannte Marktkreuz aus dem Jahre 1722. Ursprünglich befand sich dieses beeindruckende, schlichte Kreuz aus rotem Sandstein auf dem Marktplatz. Neulich wurde es jedoch hierhin gebracht. Trotz leichter Kriegsschäden ist es erstaunlich gut erhalten geblieben. Der Kirche angegliedert ist das kleine 'Antoniushäuschen'. Es stammt aus dem 16. Jahrhundert und beherbergt, nach einer Periode des Zerfalls, ein kleines, intimes Heimat- und Wurzelmuseum.

STEUERPARADIES. In den vergangenen Jahren konnte Amel wiederholt Ehrungen einheimsen. 1989 wurde die Gemeinde als 'kindfreundlichste Gemeinde Belgiens' auserkoren. 1991 wurde sie zur 'schönsten Gemeinde Belgiens' unter 5.000 Einwohner gekrönt. Daß dieser Ort zwischendurch, 1990, auch den Preis als 'Gemeinde, wo es sich am besten leben läßt' erobern konnte, erstaunt daher kaum. Es ist ferner ein offenes Geheimnis, daß das Steuerregime in diesem Ort sehr günstig ist. Die Einwohner sind sehr gesprächig. Was diesen Punkt anbetrifft, hüllen sie sich jedoch in Schweigen. Im besten Fall erscheint ein Lächeln in ihrem Gesicht.

Auch die Nachbardörfer haben einige Sehenswürdigkeiten zu bieten. So kann man in Meyerode, neben der alten Kirche, eine bemerkenswerte Kanone be-

Panorama des Ameltals.

SAMMELLEIDENSCHAFT

DAS SANKT VITHER HEIMATMUSEUM. 1969 wurde das Heimatmuseum Sankt Vith in der Heckingstraße vom Geschichts- und Museumsverein 'Zwischen Venn und Schneifel' gegründet. Später, im Jahre 1990, fand das Museum in einem erneuerten und restaurierten Bahnhofgebäude, im ehemaligen Wohnhaus des Bahnhofsvorstehers am Schwarzen Weg, eine neue Bleibe.

Das Museum ist in drei Teile aufgegliedert. Parterre befindet sich die Sakralabteilung. Der Besucher stößt hier auf eine Reihe wunderschöner, vielfarbiger Holzfiguren von Heiligen, die in der Umgebung verehrt werden: Servatius, Hubertus, Barbara, Franziskus. Desweiteren befinden sich hier Teile des Altars der ehemaligen Pfarrkirche, die nach den Bombardierungen im Zweiten Weltkrieg gerettet werden konnten. Weitere Blickfänger sind die schwere Glocke aus dem Jahre 1559 aus der Mathiaspfarrkirche aus Dürler, ein Turmhahn und ein gemalter Kreuzweg aus der alten Pfarrkirche in Manderfeld. Atemberaubend schön ist auch eine Pieta aus rotem Sandstein aus der Gegend.

Auf der oberen Etage erwartet den Besucher die archäologische und Wohnabteilung. Zahlreiche Mineralien werden hier ausgestellt, neben Zeichnungen aller Burgen der Umgebung. Hier befindet sich auch eine Karte auf der alle Stellen angezeigt sind, wo früher Gold geschürft wurde. In der Wohnabteilung werden ältere Besucher mit Sicherheit viele Gegenstände aus Großmutters Zeit wiedererkennen, wie beispielsweise eine Buttermühle,

Das Heimatmuseum in Sankt Vith fand im ehemaligen Bahnhofsgebäude eine Bleibe.

einen offenen Kamin und einen wunderschönen Wandschrank und Mauerdekorationen. Beeindruckend sind vor allem die im Stil des 19. Jahrhunderts eingerichteten Eß-, Arbeits-, Wohn- und Webzimmer. Sie sind ausschließlich mit authentischen Gegenständen wie ein Spinnrad, ein Webstuhl und Mobiliar der damaligen Zeit ausgerüstet. Das kleine Bett im Schlafzimmer fällt genauso auf. 'Damals schliefen die Menschen noch im Sitzen und sie waren kleiner als wir', so unser Führer. Die Kinder schliefen ebenfalls im Bett der Eltern.

Auf dieser Etage sollten Sie auch einmal einen Blick in die Bibliothek werfen. Sie enthält alle alten Exemplare der einzigen noch bestehenden deutschsprachigen Tageszeitung unseres Landes, 'Grenz-Echo', sowie eine ganze Reihe lokaler Zeitschriften. Mit Engelsgeduld hat der Archivar des Museums 15.000 alte Fotos nach Themen und Orten klassiert. Sie beziehen sich allemal selbstverständlich auf die Region und geben ein Bild dieser Region in der Vergangenheit. Auf Anfrage können Sie sich auch Videos anschauen. Die Bibliothekabteilung ist übrigens noch im Aufbau.

Zum Schluß sollte der Besucher auch den Kellerräumen einen Besuch abstatten. Dort befindet sich eine schon genauso beeindruckende Sammlung von Ofen-, Kamin- und Takenplatten. Darauf sind mythologische, doch vor allem religiöse Motive zu bewundern. Ebenfalls im Keller sehen Sie verschiedene Grenz- und Grabsteine neben einer Sammlung Handwerkzeug.

Das Sankt Vither Heimatmuseum, Schwarzer Weg 6 in 4780 Sankt Vith ist geöffnet von montags bis samstags von 14 bis 16 Uhr, mittwochs von 9 bis 11 Uhr, und sonntags von 14 bis 17 Uhr. Gruppen können das Museum auf Anfrage (mindestens acht Tage im voraus) auch außerhalb der Öffnungszeiten besichtigen. Nähere Informationen: 080/22.92.09.

Der Geschichts- und Museumsverein veröffentlicht monatlich die interessante Zeitschrift 'Zwischen Venn und Schneifel'.

wundern. Im Wald am Dorfrand befindet sich ein Gedenkkreuz für den 1945 gefallenen Sohn des US-Generals Wood. Im Weiler Medell (wortwörtlich: 'mein Tal') sollten Sie unbedingt die Pfarrkirche einmal in Augenschein nehmen. Der Zwiebelurm ist für diese Gegend einmalig.

Quer durch Herresbach läuft die Wasserscheide zwischen Rhein und Maas. Eine dreihundert Jahre alte Buche 'Am Scheitbaum' erinnert daran. Dieses Herresbach galt früher als auserkorener Schmuggelort der Deutschen, die sich hier nach dem Krieg mit dem viel preisgünstigeren Kaffee eindeckten. Die Grenze zu Deutschland liegt in Luftlinie knapp vier Kilometer vom Ortskern entfernt. An der Ortsgrenze zwischen Iveldingen und Montenau befinden sich gleich zwei katholische Kirchen. Die kleinere, alte Kapelle, die im Jahre 1688 mit Steinen aus dem Wolfsbusch erbaut und in den achtziger Jahren restauriert wurde, steht unter Denkmalschutz. Die moderne Pfarrkirche, die der Heiligen Barbara geweiht ist, stammt erst aus dem Jahre 1985. Sie gehört zweifellos zu den schönsten Kirchen der Umgebung. Die aus dem Ersten Weltkrieg stammende majestätische Eisenbahnbrücke 'Freiherr von Korf', die auf 18 Meter hohen Pfeilern gebaut wurde und eine Gesamtlänge von 285 Meter hat, trennt das in einem malerischen Tal gelegenen Dörfchen Born in zwei Teile.

Der Rechter Blaustein

Der Weg von der Autobahn zur Ortschaft Recht, eine der fünf Gemeinden, die seit der Fusion zu Sankt Vith gehören, hat ein besonders malerisches Aussehen. Der kurvenreiche Weg führt durch einen ausgedehnten Wald in ein tiefes Tal, wo sich das idyllische Dörfchen Recht versteckt. Dieser Ort mit seinem intrigierenden Namen, taucht zum ersten Mal in alten Folianten auf, im 'Tauschakt' aus dem Jahre 670 unter dem lateinisch klingenden Namen 'Refta'. In dieser Akte steht geschrieben, daß König Siegbert III. seine Eigentümer Stavelot und Malmedy dem König Childerich II. schenkt. Der Pachthof Recht galt bis ins 17. Jahrhundert hinein als Hilfskirche des mächtigen Ameler Hofs. Hier befand sich außerdem die westlichst gelegene Kirche des Erzbistums Köln.

Der Name soll angeblich nichts mit der Rechtsprechung zu tun haben, sondern von 'Recta' oder 'Refta' abgeleitet sein, und somit auf den Rechter Bach hinweisen.

Die Burg, inmitten des 1300 Einwohner zählenden Dorfes, ist bekannt als die älteste Niederlassung Rechts. Es bleibt jedoch die Frage, ob sich hier tatsächlich jemals eine Burg befand. Bestimmten Schriftstücken in Vielsalm und Stavelot

SAMMELLEIDENSCHAFT

DAS BIERMUSEUM IN RODT. In einem Holzgebäude, mitten in einem Tannenwald, befindet sich ein typisches 'belgisches' Museum, da hier das Bier im Mittelpunkt steht. Das Museum besitzt 2.500 verschiedene Biersorten mit den dazu gehörenden Gläsern. Die Biere stammen aus fünfzig Ländern und von 115 belgischen Brauereien. Auch Antiquariat und Grundstoffe werden ausgestellt. Sie können sich dort ein Video anschauen und selbstverständlich auch Bier kosten. Das Museum befindet sich in der Skihütte 'Am Tommberg' in 4784 Rodt und ist samstags und sonntags, sowie an Festtagen, jeweils von 10 bis 18 Uhr, geöffnet. Auf Anfrage ist das Museum auch für Gruppen ab mindestens 15 Personen zugänglich. Nähere Informationen: 080/22.77.62.

kann man entnehmen, daß hier in längst vergangenen Zeiten einmal eine sogenannte Wehrburg gestanden haben muß. Die Sankt-Aldegundiskirche im Zentrum des Dorfes, unweit der Burg, ist auf den Fundamenten einer mittelalterlichen Kapelle aus dem Jahre 1496 gebaut. Sie wurde später, im 17. Jahrhundert, umgebaut und 1925 gründlich erneuert. Seitdem ist der Chorraum nach Jerusalem gerichtet. Es gab jedoch keine Möglichkeit die Kirche zu vergrößern.

SAMMELLEIDENSCHAFT

DAS WURZELMUSEUM IN AMEL. Das Wurzelmuseum in Amel stammt aus den frühen siebziger Jahren und fand eine Bleibe im Antoniushäuschen, wahrscheinlich eine ehemalige Hofkapelle, die im 17. und 18. Jahrhundert als Schule und gleichzeitig als Wohnung des Vikars oder Pfarrpriesters fungierte. Nach einer Periode des Zerfalls wurde das Antoniushäuschen seiner neuen Bestimmung übergeben. Es wurde einerseits ein Wurzel- und Heimatmuseum und andererseits, im vorderen Teil, als Friedhofskapelle benutzt. Der Legende nach zu urteilen verbindet ein unterirdischer Gang das Antoniushäuschen mit dem zwei Kilometer weiter gelegenen Haus Fohnen in Eibertingen.

Parterre befinden sich zahlreiche alte Gebrauchgegenstände, ein merkwürdiger Pflug aus dem 19. Jahrhundert, ein Webstuhl, eine Nähmaschine, ein primitives Pflückgerät für Waldbeeren, ein Waschbrett und dergleichen. Eine Antonius- und Christusfigur aus der Dorfkirche, sowie dutzende, oft vergilbte Fotos des täglichen Lebens um die Jahrhundertwende vervollständigen die Ausstellung.

Auf der oberen Etage, wo früher der Vikar wohnte, befindet sich das Wurzelmuseum. Es entstand auf Initiative des Besitzers des Hotels Kreusch. Als großer Liebhaber der (umliegenden) Wälder entdeckte er eines Tages, während eines Spaziergangs, eine merkwürdige Baumwurzel. Er nahm sie mit nach Hause, und so entstand eine neue Leidenschaft. Er brachte immer wieder auffällige Wurzeln aus den Wäldern mit nach Hause. Mit ein bißchen Fantasie erkennen Sie darin Tierköpfe, Vögel und andere Figuren. Die heutige Sammlung enthält gut vierzig merkwürdige Exemplare. Zwischen den Wurzeln entdeckt der Besucher auch zahlreiche ausgestopfte Tiere aus dem Wald, beispielsweise einen Fuchs, einen Bussard, eine wilde Katze, einen Dachs, einen Marder, ein Wiesel sowie einen Fasan.

Das Wurzelmuseum ist geöffnet von Mai bis September, jeden Sonntag von 14 bis 17 Uhr. Es ist das ganze Jahr hindurch Gruppen ab zehn Personen zugänglich, wenn sie im voraus reservieren. Nähere Informationen: Heimat- und Wurzelmuseum, Kirchweg 169 in 4770 Amel, Tel. 080/34.90.50.

Die Rechter Kirche, erbaut aus dem bekannten Blaustein.

Deshalb beschlossen die Bauherren den alten Chorraum zu erhalten und einen Querbau zwischenzusetzen.

Bekannt wurde der Name Recht durch drei Begebenheiten. Da wäre zunächst einmal die Blausteingrube. Recht wuchs vor allem im 18. Jahrhundert zu einem Dorf, das wegen seiner Steinhauer bekannt war. Die Blausteingruben brachten einen industriellen Umschwung mit sich.Ein bis dahin hauptsächlich landwirtschaftliches Dasein (in Recht wurden bekannte Viehtröge gebaut) mußte schwerer, jedoch sehr ertragreicher Arbeit den Platz räumen. Vor allem seit dem Jahre 1725 kannte die Steinbearbeitung eine große Ausstrahlung, so daß in Recht viele Steinhauer aus Tirol ansässig wurden. Die Familiennamen weisen auch heute noch darauf hin: Starck, Zangerle, Meyer und Graff. Die Tiroler Familien, hauptsächlich aus dem Paznauntal bei Kappl, ließen sich hier nieder und mischten sich allmählich mit der ursprünglichenBevölkerung. Die Folge war, daß neue Namen, wie Christian und Hieronymus, plötzlich beliebt wurden. Die Tiroler sollten sich später auch als Baumeister, Architekten und Restaurateure einen Namen machen. Der Blaustein, bearbeitet oder auch nicht, wurde schon bald nach Köln und zum Rheinland bis nach Luxemburg exportiert. Blaustein stellte sich bis in die heutige Zeit als sehr begehrt heraus, da Blaustein säureunempfindlich ist. Die meisten Häuser in Recht wurden übrigens in Blaustein gebaut. Im höher gelegenen Dorfteil Hunnert verdient der 'Hunnert Weg' einen Besuch. Unweit der Marienkapelle in den Wäldern befindet sich nämlich ein bemerkenswerter Kreuzweg mit sieben Kniefällen und Stationen in Rechter Blaustein aus dem Jahre 1831. Die wichtigsten Steingruben befanden sich auf dem Rechter Berg, wo die Blausteinadern von Recht und von Vielsalm zusammenkommen. Sie werden jedoch schon lange nicht mehr genutzt.

Bekannt wurde Recht auch wegen seines schwarzen Roggenbrotes. Dieses Sauerteigbrot wurde in Holzöfen gebacken. Lediglich drei Bäcker kannten das Rezept und verkauften ihr Brot sogar in Brüssel. Der Versand der Brote war teurer als das Brot selbst.

In Recht hat man früher auch Gold gefunden. Ein wallonisches Sprichwort aus längst vergangenen Zeiten zeugt davon: 'A Rett, a Rett. Ousk on trouv du l'or à nokette' (In Recht, in Recht gibt es Gold im Überfluß). Recht entwickelte sich während der jüngsten Jahrzehnte vor allem zu einem gemütlichen Wohn- und Aufenthaltsort, wovon unter anderem das Familienerholungszentrum 'Zwischen Burg und Büchel' zeugt. Einmal jährlich ist in Recht der Teufel los: am Kirmesmontag im September. Dann steht als wichtigste Sehenswürdigkeit der traditionelle 'Ronnentanz' auf dem Programm. Dieser Tanz erinnert noch an die französische Vorherrschaft (1794-1814). Der Tanz um den Kirmesbaum besteht unter anderem aus einer Polonäse und einer Quadrille.

Das Raritätenkabinett

Die Goldschürfer von Montenau. Die Römer schürften bereits tüchtig Gold. Zahlreiche Sandhügel, die die Jahrhunderte überlebten, sind die stillen Zeugen dieses römischen Interesses. Wenn wir der römischen Überlieferung Glauben schenken dürfen, dann wurde damals sehr viel Gold in der Umgebung von Montenau und Born, an den Ufern und in den Flußbetten der Amel und der Emmels gefunden. Sogar Julius Cäsar erwähnte diese Funde in seinen Schriften. Seine Legionssoldaten, so wird zumindest behauptet, sollen Gold in derart großen Mengen nach Rom mitgenommen haben, daß der Marktpreis des Goldes in Rom dadurch beeinflußt wurde.

Montenau erwarb seinerzeit große Bekanntheit durch die Goldschürfer.

Am Ende des 19. Jahrhunderts tauchte das Goldfieber wiederum auf. Es versteckt sich tatsächlich Gold, echtes Gold, im Ardenner Unterboden, vor allem in der Ameler Umgebung, auch wenn keiner die große Goldader jemals entdeckt hat und sich die Goldschürfer meist mit kleinen Goldpailletten und kleinen Goldklümpchen zufrieden stellen mußten.

Julius Jung, ein Mitarbeiter der Preußischen Minenbaugesellschaft, die in der Ameler Gegend im Unterboden nach Eisen und Blei suchte, entdeckte um das Jahr 1876, daß viele Hügel, die sich dort befinden, im Grunde genommen keine Tumuli, alte Grabstätten, sondern Sandhügel des gewaschenen Goldes sind. Daraufhin beantragte Jung offiziell eine Genehmigung um Gold zu schürfen. Später eröffnete er sogar eine wahre Goldgrube bei Montenau. Dabei machte er anscheinend kein schlechtes Geschäft, auch wenn er es nicht schaffte, die große Goldader ausfindig zu machen, die ihm unüberschaubaren Reichtum bescheren sollte. Jung starb, nicht arm, im Jahre 1910. Nach seinem Tod strömten immer wieder Abenteurer von nah und fern nach Montenau, um hier ihr Glück zu versuchen. Vor allem der Schinderbach sowie die Orte Iveldingen und Montenau waren bei diesen Abenteurern begehrte Plätze. Keiner wurde jedoch sehr reich. Das Goldfieber dauerte bis kurz vor dem Ersten Weltkrieg an, verschwand dann jedoch ganz und gar. Es tauchte kurz noch einmal nach dem Zweiten Weltkrieg auf, als man 26 Goldpailletten fand. Doch heute wissen nur noch die wenigsten, daß sich Gold im Unterboden versteckt.

Das Ourtal

Die meisten kennen die Our als einen luxemburgischen Fluß. Die Our entspringt jedoch auf belgischem Grundgebiet, in den dichten Wäldern Losheimergrabens und fließt von dort aus zirka dreißig Kilometer entlang der deutsch-belgischen Grenze an ländlichen Dörfchen, geselligen Ferienorten und bewaldeten Hügeln vorbei. Die Our gibt außerdem der südlichsten Region der Ostkantone ihren Namen: das Ourtal.

Burg-Reuland, die Geschichte einer Burg

Im äußersten Süden der Ostkantone erstreckt sich über mehr als 11.000 Hektar, eine der größten Gemeinden unseres Landes: Burg-Reuland. Sie umfaßt 22 kleine Dörfchen, zerstreut über die vielen grünen Hügelrücken dieser Gegend. Unsere Führung startet nicht an der wunderschön restaurierten mittelalterli-

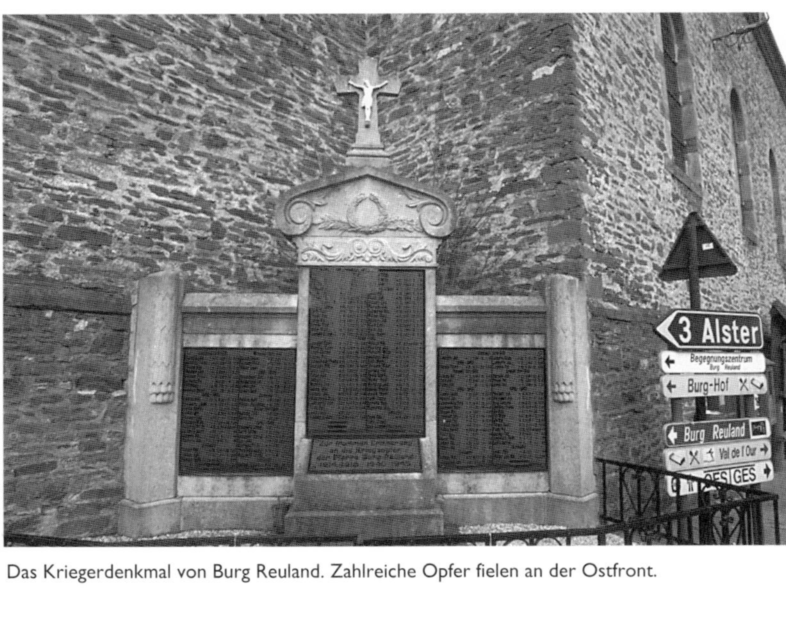

Das Kriegerdenkmal von Burg Reuland. Zahlreiche Opfer fielen an der Ostfront.

chen Burg, wovon die ersten geschriebenen Quellen bis ins Jahr 1322 zurückgehen, sondern an der Sankt-Stephans-Kirche. Neben dieser Kirche befindet sich das Grabdenkmal zur Erinnerung an die Kriegsopfer. Es spricht Bände! Mehr als hundert Namen von Opfern des Zweiten Weltkrieges wurden eingemeißelt – mehr als die doppelte Anzahl Opfer des Ersten Weltkrieges. Das ist sehr viel in einem Dorf, das in den siebziger Jahren kaum 4000 Einwohner zählte. Beim näheren Betrachten stellt man fest, daß die meisten unter ihnen in der Nähe Stalingrads als deutsche Soldaten gefallen sind. Dieses Denkmal faßt kurz und bündig die moderne Geschichte dieser Ortschaft zusammen. An einem der zwei Dreiländerecke, die die Ostkantone zählen, wurde Burg-Reuland im Laufe der Jahrhunderte oft zum Spielball der verschiedenen Nationen: Österreich, Frankreich, Spanien, Luxemburg, Preußen, Deutschland. Alleine im 20. Jahrhundert wechselten die Einwohner viermal ihre Nationalität.

VON PALLANDT. Wenn wir die schlichte Sankt-Stephans-Kirche betreten – sie stammt aus dem Jahre 1771 und wurde nach den Plänen des Rechter Meister-Architekten Ferdinand Starck erbaut – stehen wir schon bald Auge in Auge mit der reichen Vergangenheit Burg-Reulands. Am Eingang sehen wir den massiven aus schwarzem Schiefer gehauenen Sarkophag Balthasar von Pallandts und seiner Frau Elisabeth von Mylendonck. Beachten Sie vor allem die reiche Verzierung auf dem Deckel und die Wappen an den Seitenwänden. Das Ehepaar beauftragte Starck mit der Errichtung dieser Kirche, die auf den Fundamenten der ehemaligen Kapelle aus dem 13. Jahrhundert gebaut wurde. Balthasar und Elisabeth wurden jedoch nicht in diesem Sarkophag begraben. Vermutlich sind sie in Aachen beerdigt worden.

Eine typische Herberge in Burg Reuland.

Während vieler Jahrhunderte regierte das Adelsgeschlecht von Pallandt über diese Region vom Feudalschloß aus, das über dem Kesseltal thront, in dem sich das Dorf befindet. Die Burg wurde erst verwüstet, als die Französische Revolution ihr Unwesen auch in diesem Gebiet trieb. In den letzten Jahren wurde jedoch sehr viel restauriert. Sie gehörte der Gemeinde. Minister-Präsident Jospeh Maraite, der selbst Einwohner Burg-Reulands ist,

SAMMELLEIDENSCHAFT

DAS PAUL GÉRARDY-MUSEUM. Auf der Oberetage der ehemaligen Gemeindeschule Burg-Reulands, auf dessen Parterre der Verkehrsverein (Tel. 080/32.91.31) eine Bleibe fand, befindet sich das kleine, aber interessante Paul-Gérardy-Museum. Der Dichter und Autor Paul Gérardy wurde am 15. Februar 1870 in Maldingen-Thommen, einer Teilgemeinde Burg-Reulands geboren. Die Launen der Geschichte sollten ihn jedoch tiefgehend beeinflußen. Da Maldingen zum Königreich Preußen gehörte, als Gérardy das Licht der Welt erblickte, besaß er zunächst einmal die deutsche Nationalität. Kaum ein Jahr später wurde Maldingen im großen Deutschen Kaiserreich aufgenommen. Nach dem Ersten Weltkrieg kam das Dorf jedoch zu Belgien. Seine Jugend war keineswegs unbekümmert. Im Alter von elf Jahren wurde er Waise. Bei einem reichen Onkel fand er ein neues Zuhause, Jean-Nicolas Gérardy. Dieser war Weinhändler in Lüttich. Als Student des Kleinen Seminars in Sint Truiden erlernte er sehr schnell die Sprache Molières. Sein erster Gedichtband 'Les chansons naïves', das er in der Herberge seiner Kusine Anna Feyen in Mackenbach schrieb, erschien 1892. Inzwischen hatte er an der Lütticher Universität die Kandidatur Philosophie erfolgreich beendet. Er interessierte sich jedoch viel mehr für Literatur. Er verkehrte oft in literarischen Kreisen, wo er Bekanntschaft schloß mit jungen wallonischen Künstlern, wie Charles Bronne, Joseph Chot sowie die Gebrüder Rassenfosse. Im Januar des Jahres 1892 gründete er in Lüttich die literarische, symbolistische Zeitschrift 'Floréal'. Nach dem Tod seines Onkels, im Jahre 1896, zog er nach Brüssel um. Dort veröffentlichte er sein Meisterwerk 'Les Rousseaux' ('Schalmeien' in der deutschen Fassung), eine Bündelung all seiner Gedichte. Um die Jahrhundertwende entfachte er mit zwei (anfänglich anonymen) Streuzetteln einen großen Skandal. Einer dieser Streuzettel – erschienen im Jahre 1903 unter dem Titel 'Les Carnets du Roi' – richtete sich auf scharf ironische Weise gegen König Leopold II. Der andere – erschienen im Jahre 1904 unter dem Titel 'Le Grand Roi Patacake' – bespottet den deutschen Kaiser Wilhelm II. Diese Frechheiten haben letztendlich dazu geführt, daß Gérardy beim Ausbruch des Ersten Weltkrieges Belgien verlassen und nach Groß-Britannien fliehen mußte. In der Zwischenzeit hatte er auch sein ganzes Hab und Gut vergeudet und seine Ehe scheiterte. Immer mehr geriet er an den Rand der Gesellschaft. Nach dem Krieg veröffentlichte er noch ein großes, eigenartiges Werk: 'Quatorze extraits du bestiaire d'Hortensius'. Dieses wiederum anonyme Büchlein, in der Fabelform geschrieben, gibt die Auffassungen und Ideale Gérardys wieder: die totale Meinungsfreiheit. Er blieb sein ganzes Leben lang dieser Philosophie treu.

Paul Gérardy, Freund von Verhaeren, Ensor, Mockel und Nobelpreisträger John Galsworthy, starb am 1. Juni 1933 einsam und verarmt in Brüssel. Drei Monate zuvor war er beim Trinken eines eiskalten Bieres im Café Réal am Brouckèreplatz in Brüssel an einer Grippe erkrankt.

Das kleine Museum umfaßt neben einer Sammlung Bücher des Autors auch zahlreiche Fotos und Zeitungsartikel, die Paul Gérardy verfaßt hat. Die Besucher sehen dort auch seine Totenmaske. Es war Königin Paola, damals noch Prinzessin Paola, die 1983 das Museum eröffnete.

Das Museum ist täglich zugänglich von montags bis freitags, von 9 bis 12 und von 13 bis 16 Uhr, samstags von 17 bis 19 Uhr und sonntags von 10 bis 12 Uhr. Das Museum befindet sich am Kulturhaus 135 in 4790 Burg-Reuland (Tel. 080/32.97.12).

SAMMELLEIDENSCHAFT

DAS DIDAKTISCHE BILDUNGSZENTRUM FÜR PALÄONTOLOGIE. In einem Lokal der ehemaligen Sekundarschule Burg-Reulands fand kürzlich das didaktische Bildungszentrum für Paläontologie eine Bleibe. Es wurde mit Material des Königlichen Institutes für Naturwissenschaften in Brüssel aufgebaut. Das Museum enthält eine Sammlung Fossilien und Tabellen, die die Entwicklung der Erde über eine Dauer von 500 Millionen Jahren darstellt. Bemerkenswert sind die Fossilien diverser Saurier, die hier ausgestellt sind, wie beispielsweise des Mosasaurus. Die Ausstellung ist ausschließlich nach vorheriger Terminabsprache zu besichtigen. Das Zentrum organisiert ebenfalls Tagesseminare, sowohl mit pädagogischen und touristischen Programmen, als auch mit Programmen für Senioren (Tanz, Musik, Malerei). Sie erreichen das Bildungszentrum, indem Sie an der Stephanskirche bis zur Kapelle hochfahren und dort rechts abbiegen. Etwas weiter an der linken Seite befindet sich das Bildungszentrum. Weitere Informationen: Didaktisches Bildungszentrum für Paläonthologie, Dorf 63 in 4790 Burg-Reuland (Tel. 080/32.99.66).

verkaufte die Burg jedoch dem belgischen Staat für einen symbolischen Franken, der die Renovierungsarbeiten finanziert. Nach diesen Arbeiten, die noch nicht ganz beendet sind, wird die Gemeinde die Burg zurückerwerben. Der Bauschutt, den man noch vor ein paar Jahren bemerkte, ist inzwischen beseitigt worden. Gleichzeitig mit den Restaurierungsarbeiten wurden auch archäologische Ausgrabungen durchgeführt. Die Resultate dieser Ausgrabungen kann der Besucher in einem Kiosk auf dem Innenhof der Burg bewundern. Hier wird auch die reiche Geschichte der Burg beleuchtet. Viele Herrscher gingen dort ein und aus. Und in diesem Jahrhundert wurde sie dreimal restauriert (in den Jahren 1901-1903, in den fünfziger Jahren sowie jetzt in den neunziger Jahren). Während der Sommermonate steht täglich von 10 bis 18 Uhr ein Führer zur Verfügung.

Die Burg war einmal eine Wasserburg. Es gibt eine Stelle, unweit der Burg, die heute noch durch ihren Namen darauf hinweist: 'Am Graben'. Während der Ausgrabungen wurden Spuren eines Aufenthaltes der Normannen entdeckt. Das könnte bedeuten, daß die Burg wesentlich älter ist als die ersten schriftlichen Quellen vermuten lassen. Das ursprüngliche Ziel der Burg bestand daraus das Ulf- und einen Teil des Ourtals zu bewachen und den Bewohnern dieser Täler Schutz zu bieten. Nach und nach wurde die Burg immer mehr ausgebaut. So entstand vermutlich zum Ende des 10. Jahrhunderts hin eine Festungsmauer um den Angriffen mit Bogen- und Wurfkatapulten widerstehen zu können. Als die Artillerie im Aufmarsch war, verstärkte der Graf von Luxemburg, der zu diesem Zeitpunkt Eigentümer der Burg war, sie mit Geschütztürmen und einer neuen Festungsmauer. Vom wieder aufgebauten Turm aus, in dem in Zukunft Ausstellungen organisiert werden sollen, hat der Besucher, der die vielen Stufen nicht scheut, eine atemberaubende Aussicht auf das Ourtal und das Dörfchen Steffeshausen. Dieser kleine Ort stand vor ein paar Jahren im Mittelpunkt der Nachrichten wegen seines urkonservativen Pastors – ein Anhänger des legendären Monseigneur Lefèvre. Zu sehen ist auch ein hoher Antennenmast des BRF, des Belgischen Hörfunksenders. Es ist eigentlich ein Wunder, daß Burg-Reuland die vielen Bombardierungen am Ende des Zweiten Weltkrieges heil überstanden hat. Die Tatsache, daß es sich in einer schmalen Schlucht versteckt, worüber Flugzeuge schnell hinweg rasen, wird dem sicherlich nicht fremd sein.

HUBERTUSKAPELLE. Der Weg führt uns anschließend zum nahe gelegenen Weiler Weweler. Hier steht die zweitälteste Kirche unseres Landes, die stilvolle doch schlichte Hubertuskapelle. Die architektonische Schlichtheit berührt uns. Der älteste Teil des Gebäudes stammt aus dem dreizehnten Jahrhundert und wurde im romanischen Stil erbaut. Im Jahre 1985

Die malerische, mittelalterliche Kirche von Weweler. Eine Perle.

SAMMELLEIDENSCHAFT

KRIPPANA. Unmittelbar auf der belgisch-deutschen Grenze, im Weiler Hergersberg bei Manderfeld, befindet sich in einem modernen Ausstellungsgebäude eine weltweit einmalige Ausstellung: die Krippana. Sie gruppiert auf verschiedenen Ebenen dutzende Weihnachtskrippen aus ganz Europa und darüber hinaus. Die Krippana ist einmalig in dem Sinne, daß sie alljährlich geändert wird. Lediglich ein Drittel der ausgestellten Krippen steht immer da. Die anderen werden jährlich ersetzt.

Ursprünglich ist die Krippana 1976 im deutschen Eifeldörfchen Höfen, unweit des Städtchens Monschau, entstanden. Initiatoren waren die Herren Scheins und Jansen. Das Interesse für diese Ausstellung nahm jedoch von Jahr zu Jahr zu, so daß die Ausstellung aus ihren Fugen zu platzen drohte. Letztendlich wurde in Hergersberg in einem geräumigen neuen Gebäude, einem Oktogon, eine neue Bleibe für die Krippana gefunden.

Wer die Ausstellung in Ruhe besuchen will, sollte dazu mindestens zwei Stunden einkalkulieren. Es erwarten den Besucher nämlich vier riesige, jedoch sehr häuslich eingerichtete Ebenen. Auf einer dieser Ebenen findet der Besucher die Dauerausstellung, die hauptsächlich spanische und italienische Krippen in meistens sehr farbigen Landschaftsdekors enthält. Es werden verschiedene Episoden aus der Bibel dargestellt, beispielsweise die Anbetung der Hirten. Einmal wird diese Episode in einer katalanischen Landschaft dargestellt, ein anderes Mal vor den Stadttoren Jerusalems. Die

Das Krippenmuseum Krippana, einzigartig in Europa.

Begegnung Marias und Elisabeths spielt sich ebenfalls in einem atemberaubenden Dekor ab, genauso wie die Verkündung an die Hirten. Eine wüste Landschaft mit Ruinen und Höhlen bildet den Hintergrund einer anderen Episode, die die Rast während der Flucht nach Ägypten darstellt. Doch das sind nur einige Beispiele des reichen Dauerangebotes. Vor allem die überwältigende Perspektive und die Liebe zum Detail der Krippenbauer – wahre Künstler übrigens – bestechen den Besucher.

Amüsant ist die riesige Zookrippe. Hier wurde eine Krippe mit Plüschtieren aufgebaut. Nach dem Einwerfen einer Münze bewegen sich die Tiere und geben Geräusche von sich. Es sind sowohl bunte Papageien, ein schreiendes Nilpferd, ein lustiger Schimpanse, ein ungefährliches Krokodil als auch ein lachender Elefant mit dabei. Diese Zookrippe dürfte vor allem die Fantasie der Kinder anregen. Das gleiche gilt jedoch auch für die mechanische Krippe aus dem italienischen Ligurien, die ebenfalls alljährlich ausgestellt wird. Die Geburt Christi wird hier in einer ligurischen Landschaftt dargestellt. Ein Wasserrad dreht sich. Ein Esel betreibt hier einen Mahlstein für Oliven. Man kann einen Scherenschleifer und einen Töpfer bei der Arbeit betrachten, während ein junges Mädchen den Kaffee mahlt und eine andere Dame den typischen Polentateig rührt. Ein eifriger Schmied und weidende Schafe ergänzen das Gesamtbild. Dreizehn Minimotoren treiben die Tiere und Menschen an. Eine weitere Sehenswürdigkeit ist die lebendige Krippe unter offenem Himmel. Ganz besonders stolz sind die Organisatoren dieser Ausstellung über den Besitz einer Weihnachtskrippe aus dem italienischen Greccio. Diese Krippe weist auf Weihnachten 1223 hin, als der Heilige Franz von Assisi mit der Genehmigung des Papstes die Meßfeier in einer Grotte bei Greccio zelebrierte. Um die Geburt Christi insRampenlicht zu rücken, bastelte er eine Krippe (ohne die heilige Familie) mit lebenden Tieren. Somit lag Franz von Assisi am Ursprung unserer heutigen Weihnachstfeierlichkeiten. Um die Krippen nach Hergersberg zu bringen, fahren Mitarbeiter der Krippana kreuz und quer durch Europa. Manche Krippen sind sehr wertvoll. Oft erreichen sie Preise in Höhe von einer bis zwei Millionen Franken. 'Man stellt sie uns freundlicherweise zur Verfügung ohne finanzielle Gegenleistung', verdeutlichen die Organisatoren. 'Die Krippana ist zu einem Begriff geworden, sodaß es einfacher geworden ist Krippen auszuleihen'.

Die Anzahl ausgestellter Krippen schwankt von Jahr zu Jahr. Man kann davon jedoch immer mindestens 120 bewundern. Manchmal sind sogar bis zu 200 Krippen ausgestellt. Alljährlich finden auch Nebenausstellungen statt. So wurden bisher beispielsweise Ikonen, Weihwasserfäßchen, bemalte Ostereier und Ähnliches ausgestellt. Immer wieder handelt es sich jedoch um ein Thema, das mit kirchlichen Festen in Verbindung gebracht werden kann.

Zur Krippana gehört auch ein Dauerweihnachtsmarkt. Die Besucher haben dort eine reiche Auswahl an schönen, oft holzgeschnitzten Krippenfiguren, Zubehör, Ikonen, allerlei Weihnachtsgeschenke, Christbaumschmuck und altdeutschem Schmuck. Die Krippana ist täglich geöffnet vom 25. März bis zum 2. Februar, jeweils von 10 bis 18 Uhr. Es steht ein großer Parkplatz zur Verfügung und die Ausstellung ist auch für Gehbehinderte zugänglich. Geführte Besichtigungen sind möglich. Alljährlich wird ein Katalog mit einer ausführlichen Beschreibung der Krippen und Erwähnung ihrer Herkunft herausgegeben. Diesen kann man zu einem mäßigen Preis erwerben. Nähere Informationen: Krippana, Internatioanle Krippenausstellung in 4760 Hergersberg-Losheim, Tel. 080/54.87.29.

wurde die Kirche restauriert und in ihren ursprünglichen Stil zurückversetzt. Bei diesen Renovierungsarbeiten wurden zwei Fresken auf der Hintermauer entdeckt. Sie wurden mit dem Putz ausgehauen um in Brüssel restauriert zu werden. Die Kirche besitzt ebenfalls ein sehr altes Holzkreuz, das einen gut betuchten amerikanischen Touristen dermaßen beeindruckt haben muß, daß er die Restaurierung der gesamten Kirche finanzieren wollte (12 Millionen BF) um dieses Kreuz zu erwerben. Mehrfache Diebstähle und Vandalenakte zwangen den Pastor jedoch leider Gottes dazu, die Kirche tagsüber zu schließen.

Einige dutzende Kilometer von Burg-Reuland entfernt, an der deutschen Grenze,liegt das malerische Dorf Manderfeld. Dieser Ort im südlichen Teil des Naturparks Hohes Venn-Eifel, prunkt mit der Our-Quelle. Er hat eine reiche Vergangenheit, da er bereits in den Chroniken der Abtei im deutschen Prüm 798 erwähnt wurde. Hier, im Weiler Lanzerath, schürften die Römer Gold. Einige Spuren dieser Aktivität hat man entdeckt. Die gotische Kirche aus dem 16. Jahrhundert, mit ihrem romanischem Turm, ist dem Heiligen Lambertus geweiht und ist von einem einmaligen Kreuzweg aus rotem Sandstein aus dem Jahre 1765 umgeben.

Auch der Weiler Berterath wurde bereits sehr früh in den Annalen erwähnt. Eine Legende erzählt, daß Bertha-mit-dem-großen-Fuß, die Gattin Pepins des Kurzen und die Mutter Karls des Großen, hier eine Villa oder einen Jagdaufenthalt besessen hat. In den jüngsten Jahren ist Manderfeld jedoch vor allem wegen der internationalen Krippenausstellung 'Krippana' bekannt geworden.

Eine malerische Straße führt von Manderfeld über Hügel und durch Wälder zum idyllischen Dorf Schönberg. Im Herbst treffen sich hier oft die Jäger. Es ist die Mühe wert einmal den Buchberg zu erklimmen. Dort wird man nämlich mit einem herrlichen Panorama über das Ourtal für seine Mühen belohnt. Eini-

DIE WUNDERGESCHICHTE

DIE LEGENDE DES RITTERSPRUNGS. Unweit der äußersten Grenze Belgiens, unweit des Dreiländerecks, befindet sich am Ortseingang Ourens ein merkwürdiger Felsvorsprung. Daran ist eine bemerkenswerte Legende verbunden: die Legende des Rittersprungs. Sie erzählt die Erlebnisse eines Raubritters, der verrückt nach der Gattin des Ritters von Ouren war. Er traf eine resolute Entscheidung. Er sollte seine Geliebte entführen. Dazu stellte er eine vernünftigen Fluchtplan auf. Um seine Verfolger irrezuführen, beschlug er sein Pferd von neuem. Dabei brachte er die Hufeisen jedoch falsch herum an, so daß die Eisenabdrücke in die falsche Richtung wiesen. Dann brach der Abend der Flucht an, die der Raubritter während eines Festes mit seiner Geliebten abgemacht hatte. Am Fuße der Burg wartete er auf sie und hob sie aufs Pferd um davonzureiten. Die Flucht wurde jedoch sehr schnell bemerkt und es wurde eine Hetzjagd gestartet. Die Verfolger hörten den Reiter deutlich flüchten. Da Hufeisen auf Steinen und Felsen nunmal keine Spuren hinterlassen, wurden sie am Felsvorsprung an der Our eingeholt. Wenn sie gefangen genommen würden, dann wäre ihnen der Tod sicher. Daraufhin gab er seinem Pferd auf dem Felsvorsprung die Sporen. Die drei stürtzten hinab in die Tiefe, doch die Strömung der Our brach den Sprung, so daß der Reiter und seine Geliebte gerettet waren. Dort wo sich diese Legende ereignete, steht in den Felsen geschrieben: 'Fili Dei terogamus audi nos', was soviel bedeutet wie 'Sohn Gottes, wir flehen Dich an, erhöre uns'. Dennoch hatte die Geschichte kein Happy End. Der Ritter versprach als Dank an dieser Stelle eine Kapelle zu bauen. Er tat dies jedoch nicht und so wurde er zur Strafe von einem Blitz tödlich getroffen.

Der legendäre Rittersprung bei Ouren.

ge Ruinen der ehemaligen Burg Schönbergs, die irgendwann einmal dem mächtigen Kurfürsten Triers gehört hat, sind bis heute erhalten geblieben. Eine weitere Sehenswürdigkeit ist die Andlermühle, die ursprünglich aus dem Jahre 1741 stammt. Zweimal wurde sie restauriert, das letzte Mal im Jahre 1980. Schönberg erlangte auch mehr Bekanntheit durch den historischen 'Jahnlauf', ein vergnügliches Froschrennen, das jährlich am Sonntag nach dem 21. Juli stattfindet und das sich eines regen Publikumszuspruchs erfreuen darf.

Von Schönberg aus geht es weiter in Richtung Burg-Reuland. Bevor wir jedoch zu unserem Ausgangspunkt zurückkehren, sollten wir Lommersweiler, einem Grenzdorf im Süden der Ostkantone, einen Besuch abstatten. Lommersweiler konnte in gewissem Sinne sein mittelalterliches Aussehen bewahren. Es ist vor allem als Wander- und Radfahrerparadies bekannt. Im Weiler Mackenbach steht die Heilige Lamentius-Kirche. Sie stammt aus dem 15. Jahrhundert und ist im gotischen Stil erbaut worden. Im 18. Jahrhundert wurde der Kirche ein Turm angegliedert. Beachten Sie im Inneren der Kirche vor allem den meisterlichen Predigtstuhl und ein Taufbecken aus dem 18. Jahrhundert. Besuchen Sie auch den Friedhof. Hier werden Sie verschiedene Grabsteine aus dem 17. und 18. Jahrhundert entdecken.

Das Raritätenkabinett

Das Europadenkmal in Ouren. Im äußersten Süden der ausgedehnten Gemeinde Burg-Reuland, gut einen Kilometer außerhalb des Ortes Ouren, wo die Flüßchen Ribbach und Our zusammenfließen, befindet sich seit 1977 das 'Europadenkmal'. Damit ging ein Herzenswunsch von Georges Wagner, dem ehemaligen Vorsitzenden der Vereinigung 'Ardennen-Eifel' und Vorsitzender des Parlamentes in Luxemburg in Erfüllung. Er plädierte immer wieder dafür am Dreiländereck, wo sich Deutschland, Luxemburg und Belgien treffen, ein Europadenkmal zu errichten.Drei Gemeinden, das deutsche Arzfeld, das luxemburgische Heinerscheid und das belgische Burg-Reuland kauften gemeinsam ein Stück Grund, um den Traum Georges Wagners in die Tat umzusetzen. Sechs große Megaliten aus sechs verschiedenen Ländern wurden hier als Symbol für die sechs Länder, die die Europäische Gemeinschaft gründeten, aufgesetzt. Das Denkmal wurde am 22. Oktober 1977 feierlich eingeweiht. Gedenkplatten mit den Namen namhafter Europäer wurden an den Steinen angebracht. Der deutsche Stein kommt aus der Lüneburgerheide und trägt den Namen Konrad Adenauer, während der luxemburgische (Sand)stein aus dem Müllertal kommt und den Namen Joseph Bech trägt. Der belgische blaue Schieferstein wurde aus Vielsalm hierher geholt und wurde auf den Namen Paul-Henri Spaak getauft. Der französische Stein wiederum stammt aus den

Vogesen und erhielt den Namen Christian Pineau. Gegenüber dem Europadenkmal, das mit einer Hecke umzäunt wurde und das alljährlich trotz der abgelegenen Lage zahlreiche Besucher anzuziehen weiß, sehen Sie eine kleine Holzbrücke, die Wanderer über den Bach nach Deutschland bringt. Diese kleine Brücke erhielt den Namen Georges Wagner, um den Initiator dieses europäischen Denkmals zu ehren.

Die Burg mit dem Raerener Töpfereimuseum.

Sicht auf Burg Reuland mit der Burg, die dem Dorf seinen Namen gab.

Das schlichte Grab des Monsieur Hawarden in Ligneuville.

Die Malmedyer Kathedrale.

Die Raerener Wasserburg, bekannt durch das Töpfereimuseum.

Die mittelalterliche Burg dominiert die Sicht auf Burg Reuland.

Innenhof der Burg Raeren.

Weißgekalktes Haus in Burg Reuland.

Die ehemalige Dorfkirche von Montenau. Heute Kulturzentrum.

Ein romantischer Landstrich im Göhltal.

Das Schloß Reinhardstein, Perle der Ostkantone.

Alte Herrenhäuser zieren das Straßenbild auf verschiedenen Plätzen in Malmedy.

Die Vennbahn

An einem Sonntag im Sommer, kurz vor 10 Uhr morgens, herrscht am kleinen modernisierten Bahnhof in Eupen eine ungewohnte Hektik. Hunderte ungeduldiger Tagestouristen drängeln sich vor dem gerade eingefahrenen Zug, der aus historischen Reisezugwagen besteht. Das Zugpersonal bittet darum, die reservierten Plätze so schnell wie möglich einzunehmen. Kurz nach zehn Uhr setzt sich der Lindwurm langsam, keuchend und schnaufend, in Bewegung. Den Eisenbahnfreund erwartet eine einmalige Erntdeckungsfahrt – zweifellos eine der schönsten Eisenbahnstrecken in unserem Land: die Vennbahn.

Mit der Vennbahn verfügen die Ostkantone über einen der beeindruckendsten touristischen Trümpfe. Sie verbindet Eupen und Büllingen durch eine 64 km lange Strecke. Dabei führt sie über mehrere Kilometer durch das Gebiet der Bundesrepublik Deutschland, während die Trasse selbst belgisches Hoheitsgebiet ist.

Die Initiative zum Bau der Vennbahn stammt aus dem Jahre 1882, als der preußische König und deutsche Kaiser Wilhelm I. per Gesetz seine Regierung ermächtigte, den damals phänomenalen Betrag von 1,6 Millionen Mark auszugeben um eine Eisenbahnlinie von Prüm über Sankt Vith und Monschau nach Aachen-Rothe Erde mit Nebenstrecken nach Malmedy, Eupen und Stolberg zu errichten. Wirtschaftliche Motive spielten hierbei eine Hauptrolle. Deutschland hatte nach dem Krieg und dem Sieg über Frankreich 1870/1871 das lothringische Kohlebecken annektiert. Luxemburg, mit seinem Eisenerzreichen Süden, gehörte seit 1842 zum sogenannten 'Zollverein', der deutschen Zoll-Union. Der Bau der Eisenbahnlinie schaffte für lange Jahre viele Arbeitsplätze in der Region, zumal neben zahlreichen Bahnhöfen längs der Strecke auch einige imponierende Brücken und Tunnel gebaut werden mußten.

Das erste Stück der Vennbahn wurde 1885 mit der Inbetriebnahme der Strekke Aachen-Rothe Erde-Monschau (45,9 Km) eingeweiht. Weitere Strecken wurden in schneller Folge eröffnet. So standen in Malmedy am 1. Dezember 1885 und in Sankt Vith am 20. November 1887 ähnliche Feierlichkeiten auf dem Programm. Entlang der Strecke entstanden auch neue wirtschaftliche Aktivitäten. Es siedelten sich Gaststätten, Restaurants, Handelsbetriebe, Hotels und ähnliches an. Die Eisenbahn sorgte dafür, daß immer mehr Pendler in Aachen und Stolberg arbeiteten und weiterhin bei ihren Familien in der Region wohnen konnten. Sie wurde insbesondere durch den Güterverkehr zum Motor der Entwicklung des Städtchens Sankt Vith. Zählte der Ort um 1825 rund achthundert Einwohner, so wuchs die Zahl rasch auf 1350 im Jahre 1885 und 2740 um 1907. Der Bau der Eisenbahnlinie brachte auch den ersten Tourismus in die Eifellregion. So entstand auf Initiative eines gewissen Adolf Dronke 1888 der 'Eifelverein'. Mit dem Heraufdämmern des Ersten Weltkrieges erhielt die Vennbahn eine immer größer werdende militärische Bedeutung. Eine Reihe von Nebenstrecken wurde aus rein strategischen Gründen gebaut. Es heißt sogar, daß der deutsche Generalstab den Angriff auf Frankreich nur durch die Existenz der Vennbahn für durchführbar hielt. Eine der Begleitfolgen der deutschen Kriegsniederlage war, daß die Vennbahn ganz und gar belgisch wurde. Der Vertrag von Versailles bestimmte allerdings auch, daß die Orte und Dörfer, westlich der Strecke zwischen Roetgen und Kalterherberg, deutsch bleiben sollten. Im Zug mußten die belgischen Beamten deshalb deutsch sprechen, und die Bahnhöfe behielten ihre deutschen Namen. Die Reise wurde mit deutschem Geld bezahlt.

Nach dem Ersten Weltkrieg nahm das Interesse an der Eisenbahnlinie ab und die Wirtschaftskrise, die 1929 einsetzte, trug zum allmählichen Zerfall bei. Im Jahre 1934 wurde der Erz- und Kohletransport endgültig eingestellt. Auch der Personenverkehr ging zusehends zurück.

Im Zweiten Weltkrieg und nach dem deutschen Angriff auf Belgien am 10. Mai 1940, wurden die Ostkantone, wie bereits erwähnt, dem Deutschen Reich angegliedert und die Vennbahn kam unter die Verwaltung der Deutschen Reichsbahn. Die Verwüstungen der Stadt Sankt Vith durch die Alliierten am 9. August 1944 und die deutsche Ardennenoffensive, bei der die Hälfte der Vennbahn im Herbst 1944 gesprengt wurde, läuteten das Ende des Eisenbahnlinie ein, die – trotz einiger Versuche – nie mehr an ihre Glanzzeit anknüpfen konnte. Es stellte sich heraus, daß die Wiederherstellung der schwer beschädigten Eisenbahnlinie einen enormen finanziellen Kraftakt bedeutete. Andererseits löste das Auto den Zug als Personenverkehrsmittel immer mehr ab. Der Gütertransport wurde ebenfalls Opfer des günstigeren Straßenverkehrs.

Die Vennbahn verfiel immer mehr, bis einige Eisenbahnenthusiasten auf die Idee kamen, einen Teil der ehemaligen Vennbahn für touristische Zwecke zu nutzen. Sie gingen mit wenigen Mitteln aber mit sehr viel Enthusiasmus und ohne irgendwelche Mühen zu scheuen an die Arbeit und... bewerkstelligten ein kleines Wunder. Die Eröffnungsfahrt über die erneuerte – wenn auch gekürzte – Vennbahn am Pfingstsamstag, den 2. Juni 1990, geriet zu einem großen Volksfest auf dem Hohen Venn. Etwa 700 Ehrengäste genossen, vom langsam durch die Landschaft gleitenden Zug, die weiten Aussichten und den Blick auf eine einzigartige, unberührte Natur. Jedes Mal, wenn der festlich geschmückte Zug in einem alten, hergerichteten Bahnhof eintraf, feierten fröhliche Blaskapellen und viele Neugierige ein geselliges Fest. Die Vennbahn, die als die schönste befahrbahre Zugstrecke Belgiens gilt, war wieder zum Leben erweckt!

Seitdem fährt die Vennbahn von Anfang Mai bis Ende Oktober an jedem ersten Wochenende mit einer ölgefeuerten schweren Güterzugdampflok der Baureihe 50 samstags nach Malmedy/Trois-Ponts und sonntags nach Bütgenbach/Büllingen. An allen Sonn- und Feiertagen verkehrt die Vennbahn mit einer Streckendiesellok nach Bütgenbach/Büllingen.

Die Fahrt beginnt jeweils in Eupen um 10 Uhr. An den Dampfsamstagen sind Haltestellen vorgesehen in Raeren (10.35 Uhr), Roetgen (10.52 Uhr), Lammersdorf (11.15 Uhr), Monschau (11.32 Uhr), Sourbrodt (11.57 Uhr), Malmedy (12.37 Uhr), Stavelot (12.56 Uhr) und Trois Ponts (13.05 Uhr). Während der Sommerzeit beginnt hier die Rückreise um 16.10 Uhr, während der Winterzeit eine Stunde früher.

An allen anderen Verkehrstagen sieht der Fahrplan folgendermaßen aus: Eupen (10.00 Uhr), Raeren (10.35 Uhr), Roetgen (10.52 Uhr), Lammersdorf (11.15 Uhr), Konzen (11.24 Uhr), Monschau (11.32 Uhr), Kalterherberg (11.50 Uhr), Sourbrodt (11.57 Uhr), Weywertz (12.25 Uhr), Bütgenbach (12.52 Uhr), Büllingen (13.00 Uhr). Die Rückfahrt beginnt hier um 16.15 Uhr, bzw. 15.15 Uhr. Eupen wird jeweils wieder um 19.15 Uhr bzw. 18.15 Uhr erreicht.

'Es erforderte einen erheblichen Arbeitsaufwand um diese Eisenbahnlinie wieder befahrbar zu machen' verdeutlicht Herr Ohn, heutiger Präsident der Vennbahnvereinigung. 'Wir mußten unter anderem 16.000 Eisenbahnschwellen erneuern oder anbringen. Außerdem entstehen in jedem Winter neue Schäden. Der Unterhalt der Eisenbahnlinie und der Fahrzeuge, die wir beinahe alle aus zweiter Hand kauften, unter anderem von der ehemaligen Deutschen Reichsbahn, die folglich aus den dreißiger und vierziger Jahren stammen, verlangen tausende von Arbeitsstunden Einsatz von unseren zirka dreißig aktiven Mitgliedern. Seit der Inbetriebnahme der Vennbahn 1990 haben wir, neben ein paar Lokomotiven, bereits rund 15 Waggons restauriert. Wir besitzen neben Diesellokomotiven auch eine Dampflok. Es besteht selbstverständlich die Möglichkeit, außerhalb des regulären Betriebsplanes Sonderzüge zu mieten, mit denen wir bei besonderen Anlässen oder auf Anfrage Gruppen befördern können, die zum Beispiel eine Hochzeit oder ein Jubiläum feiern oder einfach mal in das Venn hinauffahren wollen. Alle Lokführer sind übrigens erfahrene Berufslokführer, die ihre Freizeit kostenlos der Vennbahn opfern. Außerdem bieten rund zwanzig Schaffner ihre Dienste als Schaffner oder Besatzung im Büffetwagen an. Die Sicherheit steht übrigens an erster Stelle und kostet uns jährlich ein echtes Vermögen. Den Betrag, den wir jährlich für die Sicherung der relativ wenigen Bahnübergänge ausgeben, beläuft sich auf nahezu zwei Millionen BF. Dieses Projekt kann nur dank der erheblichen finanziellen Unterstützung seintens der

Deutschsprachigen Gemeinschaft und der Europäischen Gemeinschaft überleben. Nur vom Verkauf der Fahrtkarten wäre die Existenz der Bahn, trotz des überwältigenden Interesses seitens des Publikums, nicht zu sichern'.

Interessenten können sich für nähere Informationen, Tarife, Platzreservierungen, Fahrradanmeldungen – Räder werden kostenlos transportiert – Anmeldungen von Gruppenreisen und Sonderzügen an die Vennbahn v.o.e., Bahnhof Raeren, Bahnhofsgasse 70 in 4730 Raeren wenden (Tel. 087/85.24.87 – Fax 087/85.16.16). Alle Züge sind mit einem Büffet- oder Speisewagen ausgestattet. Fahrgäste können an jeder Haltestelle ein- und aussteigen. Ab Eupen ist der Anschluß an das IC-Netz der SNCB gewährleistet. Die SNCB gewährt eine Ermäßigung für all diejenigen, die per Zug nach Eupen reisen, um mit der Vennbahn zu fahren.

Das Verkehrsamt der Ostkantone hat ein Faltblatt mit nützlichen Informationen für Zugreisende und eine kurze Beschreibung der Ortschaften mit Haltepunkten längs der Strecke, sowie Tips für Essen, Trinken und Übernachten vor Ort herausgegeben. Es ist zu erfragen beim Verkehrsamt der Ostkantone, Mühlenbachstraße 2, 4780 Sankt Vith (Tel. 080/22.76.64).

Winter in den Ostkantonen

Oft fallen die ersten Schneeflocken bereits im Oktober auf die grünen Ostkantone herab. Dann wird die bezaubernde Landschaft in ein dickes weißes Kleid gehüllt. Wintersportler zieht es von nah und fern, meistens jedoch aus den Niederlanden und Flandern, gleich scharenweise nach Ostbelgien.

Die Ostkantone gehören zu den wichtigsten Wintersportgebieten unseres Landes, neben den Zentren in der Provinz Luxemburg und, sei es in geringerem Maße, in den Provinzen Namür und Lüttich. Dreißig verschiedene Wintersportzentren bieten hauptsächlich nordische Skimöglichkeiten. Mancherorts gibt es auch Abfahrtmöglichkeiten. Nachfolgend eine alphabetisch geordnete Liste der Wintersportzentren in Ostbelgien:

AMEL

Langlaufpiste 'Auf Kahlert', an der Schützenhalle. Pisten von 5, 10 und 15 km. Bei ausreichendem Schnee geöffnet von 9 bis 17 Uhr. Info: 080/34.92.07 und 080/34.02.63.

Schneelandschaft im Hohen Venn.

BÜLLINGEN

Langlaufpiste 'Rotheck', an der Schützenhalle 'Rotheck'. Pisten von 2,5, 6,5, 10 und 15 km. Täglich geöffnet von 9 bis 17 Uhr. Info: 080/64.74.87.
Langlaufpiste 'Am Bilderberg' an der Kirche in Hünningen. Pisten von 3, 4,5 und 6,5 km. Täglich geöffnet von 9 bis 18 Uhr. Info: 080/64.74.53.

BÜTGENBACH

Langlaufpiste 'Worriken', am Sportzentrum Worriken. Pisten von 3, 6, 8 und 12 km. Täglich geöffnet von 9 bis 12 und von 14 bis 17 Uhr. Info: 080/44.69.61.

ELSENBORN

Langlaufpiste 'Herzebösch', am Sport- und Kulturzentrum Herzebösch. Pisten von 3, 6, 9 und 14 km. Täglich geöffnet von 9 bis 18 Uhr. Info: 080/44.54.59.

ELSENBORN-NIDRUM

Alpinskipiste 'Zosterbach', auf halber Strecke zwischen dem Militärlager und dem Dorf Nidrum. Die Piste hat eine Länge von 300 Meter. Bei guten Witterungsbedingungen geöffnet an allen Wochenenden und Feiertagen, von 9 bis 18 Uhr, sowie jeden Mittwoch ab 13 Uhr. Es gibt dort auch eine Schlittenpiste. Sie ist täglich zugänglich ab 9 Uhr. Info: 080/44.62.54 und 080/44.62.32.

EUPEN

Langlaufpiste 'Ternell', im Hertogenwald am Zentrum Haus Ternell. Pisten von 2,5, 5, 10 und 20 Kilometer. Täglich geöffnet von 9 bis 16 Uhr. Bei ausreichendem Schnee gibt es die Möglichkeit, die große Loipenverbindung Ternell-Botrange-Ternell (50 km) zu befahren. Info: 087/55.23.13.

FAYMONVILLE

Langlaufpiste 'Plaine Blanche', an der Skihütte, Rue de Robrou 7. Pisten von 2,5, 3,2, 5,3, 6 und 7 Km. Täglich geöffnet von 9 bis 18 Uhr. Info: 080/67.97.97.

MALMEDY-MONT/XHOFFRAIX

Langlaufpiste des Mont Spinette, am Mont à la Spinette 18. Pisten von 3, 6, 10 und 13 km. Achtung, hier gibt es große Höhenunterschiede zu bewältigen. Täglich geöffnet von 9 bis 18 Uhr. Info: 080/33.75.80.

MALMEDY-XHOFFRAIX

Langlaufpiste 'Les crêtes de Xhoffraix', am a-Platz des FC Xhoffraix. Pisten von 3, 6, 7, 10 und 12 km. Täglich geöffnet von 9 bis 18 Uhr. Info: 080/33.70.24 und 080/33.72.07.

MALMEDY-ARIMONT
Langlaufpiste 'Val d'Arimont', Chemin du Val 30 in Arimont. Kurze Piste. Täglich geöffnet von 9 bis 18 Uhr. Info: 080/33.07.61.

MALMEDY-CHÔDES
Langlaufpiste 'Domaine de Chôdes', Chôdes 100 in Malmedy. Piste von 6 km. Täglich geöffnet von 9 bis 17 Uhr. Auch Schlittenfahren ist möglich. Info: 080/33.70.23.

MALMEDY-BÉVERCÉ
Alpinskipiste Ferme Libert am gleichnamigen Hotel-Restaurant. Piste von 1 km. Bei guten Witterungsbedingungen ist die Piste an jedem Wochenende sowie während der Schulferien geöffnet von 9 bis 18 Uhr, an Arbeitstagen von 14 bis 17 Uhr. Es gibt auch die Möglichkeit Schlitten zu fahren. Info: 080/33.02.47.

MANDERFELD-DORF
Langlaufpiste 'An der Liebach' am Hotel 'Eifeler Hof', unweit der Kirche. Pisten von 4, 7 und 10 km. Täglich geöffnet von 9 bis 17 Uhr. Info: 080/54.87.17.

MANDERFELD-LANZERATH
Langlaufpiste 'Lanzerath-Losheimergraben' in der Nähe des Hotels Hack in Lanzerath und des Hotels Schröder in Losheimergraben. Pisten von 3, 7 und 15 km sowie 5 und 15 km. Täglich geöffnet von 9 bis 12 Uhr und von 14 bis 17 Uhr. Info: 080/54.81.84.

ROBERTVILLE
Langlaufpiste des Naturparkzentrums Botrange. Pisten von 4, 6, 8, 15 und 20 km. Täglich geöffnet von 10 bis 18 Uhr. Info: 080/44.57.81.
Langlaufpiste 'Signal de Botrange' am höchstgelegenen Punkt Belgiens. Pisten von 4, 6, 9, 14 und 16 km. Täglich geöffnet von 9 bis 18 Uhr. Info: 080/44.56.60 – 080/44.63.45 – 080/44.56.00.

MONT RIGI
Die Piste ist ausschließlich für Motorscooter und Quads geeignet. Sie liegt am Restaurant 'Le Mont Rigi'. Länge: 1 km. Höhenlage: 680 Meter. Täglich zugänglich von 11 bis 18 Uhr. Info: 080/67.90.33.

OVIFAT
Drei Alpinskipisten mit einer Länge von 400, 600 und 600 Meter. Gefälle: 12 bis 60 Prozent. Die Pisten sind täglich zugänglich von 9 bis 17 Uhr. Es besteht auch die Möglichkeit Schlitten zu fahren. Info: 080/44.63.54 und 080/33.96.59.

SOURBRODT

Langlaufpiste 'RFC Sourbrodt' am A-Platz des RFC Sourbrodt. Pisten von 2,5, 5, 10 und 20 km. Täglich geöffnet von 9 bis 18 Uhr. Info: 080/44.66.12 und 080/44.40.30.

Langlaufpiste 'Rurhof'. Pisten von 3, 5, 5, 7, 10 und 15 km. Täglich geöffnet von 9 bis 18 Uhr. Info: 080/44.47.26.

ROCHERATH-KRINKELT

Langlaufpiste am Eifel-Ski Zentrum. Pisten von 2,5, 5, 10, 15 und 18 km. Täglich zugänglich von 9 bis 18 Uhr. Info: 080/64.76.63.

SANKT VITH-RODT

Langlaufpiste 'Thommberg' am Biermuseum auf dem Thommberg in Rodt. Pisten von 5, 10 und 15 km. Täglich geöffnet von 9 bis 19 Uhr. Info: 080/22.77.62 – Skihütte: 080/22.63.01.

WEYWERTZ

Langlaufpiste 'Zum Himmelchen' in der Nähe der Skihütte. Pisten von 3, 6, 8, 10 und 18 km. Täglich zugänglich von 9.30 bis 18 Uhr. Info: 080/44.40.65.

WIRTZFELD

Langlaufpiste 'Zum Holzwarchetal' am Hotel Drosson. Pisten von 4, 8, 10 und 12 km. Täglich geöffnet von 9 bis 17 Uhr. Info: 080/64.74.59.

Die Langlaufpisten wurden ihrer Länge entsprechend in anderen Farben gekennzeichnet. Pisten bis 2,5 km erhielten die Farbe grün, Pisten bis 5 km die Farbe blau, Pisten bis 10 km werden rot angezeigt, während Pisten über 20 km mit schwarzen Kennzeichen ausgeschildert wurden.

Das Verkehrsamt der Ostkantone bietet täglich und rund um die Uhr Schneelageberichte über das Freizeittelefon unter der Nummer 080/22 74 74. Bei ausreichendem Schnee können sich Wintersportler ebenfalls an das Dispatchingzentrum am 'Signal de Botrange' wenden. Von 8.30 Uhr bis 11.30 Uhr erhalten sie alle Informationen bezüglich der dreißig Wintersportzentren in den Ostkantonen.

Ein Anrufbeantworter (080/44.72.72) bietet durchgehend Informationen bezüglich Wandermögklichkeiten im Naturpark des Hohen Venns.

An verschiedenen Stellen in den Ostkantonen (Eupen, Kelmis, Bütgenbach, Malmedy und Sankt Vith) stellte das Verkehrsamt der Ostkantone CD-I Infosäulen auf. Sie bieten allgemeine Informationen bezüglich Sehenswürdigkeiten, Übernachtungsmöglichkeiten, Aktivitäten und dergleichen. Während der Wintermonate werden dort auch die täglichen Schneeberichte des Verkehrsamtes der Ostkantone eingespeist.

Die SNCB setzt bei ausreichendem Schneefall Sonderzüge zu den wichtigsten ostbelgischen Skigebieten ein. Schneebusse der Nahverkehrsgesellschaft TEC verbinden die Bahnhöfe Verviers-Central, Eupen und Trois-Ponts mit den wichtigsten Zentren. Nähere Informationen diesbezüglich gibt es in allen Bahnhöfen des Landes.

Die Langlaufvignette

Wie Skifahrer sicherlich wissen, wird seit einigen Jahren (1987-88) auf die Benutzung der Skipisten im Gebiet des Naturparks Hohes Venn-Eifel eine Gebühr erhoben. Diese Maßnahme wurde aus verschiedenen Gründen notwendig. Einerseits wird der Ertrag dieser Gebühr verwendet, um die (bestehenden) Pisten besser auszubauen. Andererseits soll damit dem Querfeldein-Langlauf Einhalt geboten werden. Das Naturreservat ist nämlich ein bedrohtes Biotop. Deshalb muß die einmalige Pflanzen- und Tierwelt besser geschützt werden. Diese Gebühr macht es außerdem möglich, die Pisten täglich neu zu ziehen und auszuschildern sowie einen Erste-Hilfe-Dienst einzurichten. Die Gebühr wird täglich in jedem Skizentrum erhoben. Die Vignetten ändern je nach Sportzentrum ihre Farbe und tragen einen Tagesstempel. Die Gebühr muß bezahlt werden ab dem Alter von 12 Jahren und beträgt 50 BF pro Person pro Tag. Wer jedoch vor Ort Material ausleiht, zahlt keine Gebühr. Sie wird bereits im Mietpreis verrechnet.

Wir erinnern abschließend daran, daß die Mietpreise für Skier und Schuhe, je nach Skizentrum zwischen 250 und 300 BF pro halben Tag variieren können. Senioren und Schulen erhalten Ermäßigung.

Winterzeitung

Das Verkehrsamt der Ostkantone veröffentlicht jährlich eine ‘Winterzeitung’, die alle Wintersportmöglichkeiten zusammenfaßt sowie eine Reihe zusätzlicher nützlicher Informationen bietet. Diese Zeitung ist gratis erhältlich.

Ein unberührtes Naturparadies

Die Ostkantone besitzen in unserem Land einen einzigartigen Naturreichtum. Dafür sorgen sowohl die Hochebene des Hohen Venns, der Hertogenwald sowie der Ommerwald, der Wolfsbusch, als auch die Wälder rund um Bütgenbach.

Es mangelt in der Wallonischen Region sicherlich nicht an Wäldern, erstrekken sie sich doch über 500.000 ha, gut 80 Prozent des gesamten Waldbestandes unseres Landes. Und trotz gegenteiliger Behauptungen breiten sich die Wälder noch immer weiter aus, auch in unserer Zeit. Verdoppelte sich die Waldfläche doch seit Beginn des vorigen Jahrhunderts.

Ungefähr die Hälfte des Waldbestandes ist öffentlicher Besitz, die andere Hälfte Privatbesitz. In den Ostkantonen erreicht der öffentliche Besitz rund 80 Prozent.

Fichten dominieren diese Wälder. Sie nehmen etwa 200.000 ha der Gesamtoberfläche ein, verteilt über die Provinzen Lüttich und Luxemburg. Der Bezirk Verviers hat hier mit 60.000 ha den Löwenanteil. Die Hälfte der 60.000 ha Fichten befinden sich in den Ostkantonen.

Raubbau

Einst war es in den Ostkantonen armselig um den Waldanbau bestellt, so zu Anfang des vergangenen Jahrhunderts, als die Region Teil Preußens war. Von den üppigen Wäldern, die sich hier einst befanden, blieben fast nur noch Weideflächen und Gebüsch übrig. Während einer Periode von 300 Jahren wurde ein enormer Raubbau betrieben. Daß der Naturerhalt nicht allein ein Phänomen unserer Zeit ist, beweisen alte Regelungen und Verordnungen, die örtlich oder auf Ebene der damaligen Herzogtümer erlassen wurden. Diese Regelungen stammen meistens aus dem 16. Jahrhundert, wie beispielsweise das Edikt von Albert und Isabella aus dem Jahre 1617, das mit 126 Paragraphen als das erste regelrechte Forstgesetz angesehen werden kann. Ähnliche Regelungen wurden auch nach und nach in der ganzen Eifel durch die örtlichen Behörden erlassen und traten mit mehr oder weniger Erfolg in Kraft.

Der Buchenwald ist vom Standort aus der typischste Waldbestand der Eifel und der Ardennen. Auch die Eiche wurde in den sonnigen Lagen für die

Gewinnung von Lohrinde breitflächig propagiert. Die Buche findet in den höheren Lagen, auf den lehmigen Braunböden einen idealen Standort. Leider ist sie heute nur noch sehr spärlich vertreten, da sie erstrangig von der örtlichen Bevölkerung unter anderem für die Brennholz- und Kohlegewinnung schwer in Anspruch genommen wurde. Auch wurde das Vieh in den Wald getrieben. Dies mußte zur Folge haben, daß sich diese sehr empfindliche Baumart nicht mehr verjüngen konnte. Weite Ödflächen und Brachen prägten dann mehr und mehr die Landschaft.

Als Preußen dann die Macht über die Ostkantone erwarb, wurde zunächst eine Bestandsaufnahme der bestehenden Wälder durchgeführt. Ein preußischer Offizier, ein gewisser von Schwerz, wurde damit beauftragt. Er beschrieb ausführlich und gewissenhaft den Zustand der Wälder in der Eifel. In seinem Bericht an die Regierung hieß

'So weit man sehen kann, sieht man keinen Baum. Neubewaldung tut in diesem armen Gebiet sicherlich Not'.

Das Problem war jedoch schwieriger als es zunächst schien. Es mußte eine Baumart gefunden werden, die auf einem feuchten und armen Boden wachsen konnte. Es wurden verschiedene Experimente, u.a. mit Weißtannen und Kiefern durchgeführt. Der Versuch glückte nur vereinzelterweise, so daß die Fichte, die hervorragende Wuchsleistungen auf exponierten, hochgelegenen Lagen und sogar auf feuchten und sehr armen Böden aufwies, ab 1850 angebracht und mehr und mehr großflächig und mit allen Mitteln angepflanzt wurde.

Die Holzproduktion in den Ostkantonen ist sehr bedeutend. Kein Wunder, bei solch ausgedehnten Wäldern.

Fichten

Dennoch blieb bei der örtlichen Bevölkerung ein großer Widerstand gegen die Neubewaldung bestehen. Dieser Widerstand entstand vor allem nach einer Verordnung des für die Region Aachen verantwortlichen Gouverneurs im Jahre 1857. Dieser bestimmte, daß alle Gemeinden ihre kahlen Stellen neu bewalden mußten. Die Bevölkerung sträubte sich, denn gerade dort weideten ihre Kühe und Schafe. So wurde die Gemeinde Bütgenbach, die als besonders widerspenstig galt, wiederholte Male zur Ordnung gerufen. Die preußische Disziplin sollte jedoch den Streit gewinnen und überall wurden Fichten angepflanzt. Es schien eine verständliche Wahl zu sein, denn die Fichte hat den Vorteil, daß sie selbst auf armem und sogar feuchtem Boden schnell und hoch wächst.

Dennoch hat die Fichte auch Nachteile. Diese Bäume sind sehr windanfällig. Dies bewies der große Frühjahrssturm im Jahre 1990, als beinahe eine Million Kubikmeter Fichten umgeworfen wurden. Außerdem sind junge Fichten in großem Maße brandgefährdet.

Der Waldanbau ist am beeindruckendsten in den Gemeinden Amel (3500 ha), Büllingen (3050 ha), Bütgenbach (1980 ha) und Sankt Vith (1680 ha). Dieser Waldbau ist übrigens auch finanziell sehr ergiebig. Dank der günstigen Standortbedingungen und dem hohen Wert des dort wachsenden Holzes sind die Walderträge sehr hoch. Netto erbringt ein ha Wald, wo man durchschnittlich 7 Kubikmeter Holz erntet, problemlos fünf- bis achttausend BF. In unserem Land gibt es momentan übrigens noch 23 Holzsägereien. Daß die Gemeinden dem Unterhalt des Waldes große Bedeutung zukommen lassen und Neubewaldung stimulieren, bedarf keines Kommentars. Tatsache ist ebenfalls, daß diese Bewaldungen Anlaß für intensive wissenschaftliche Forschungen sind, erst recht in den Gebieten, wo die Waldfunktionen eine sehr große Bedeutung für verschiedene Interessengruppen darbieten.

Hertogenwald

Der Hertogenwald, der sich zwischen Eupen und dem malerischen Eifelstädtchen Monschau erstreckt, hat eine reiche aber bewegte Vergangenheit. Bereits im 12. Jahrhundert sprach man von diesem Wald, der damals den Herzögen von Limburg gehörte, dem er auch seinen Namen verdankt. Durch den Wiener Vertrag aus dem Jahre 1815 wurde der Wald zwischen Preußen und den Niederlanden aufgeteilt. Die Preußen führten die Neubewaldung durch und dadurch kam es, daß sich unter anderem auch hier wieder Hirsche ansiedeln konnten. Der erste Hirsch wurde übrigens 1874 durch einen Monschauer Einwohner erlegt und zwar am sogenannten Herzogenhügel. Den Kopf stellte er sogar in seiner Werkstatt auf. Doch es schien nur ein zeitliches Neubeleben zu sein, denn um die Jahrhundertwende schien der Hertogenwald auf ein Neues bedroht, teils durch Raubbau, teils durch Waldbrände und teils durch Zerstörung durch Wild, das im Winter die Rinde von den Bäumen beißt und kleinere Baumpflanzen frißt.

In den letzten Jahren mußte der Wildbestand (momentan zirka 100 Stück pro 1000 ha) durch die Forstverwaltung reduziert werden, oft zur Unzufriedenheit der Jäger. Die strikte Gesetzgebung und die vertragliche Regelung, die hier in der Gegend herrscht, läßt Jagen nach bestimmten Richtlinien und unter Aufsicht des Wasser- und Forstamtes zu. Ein weiteres Zurückdrängen des Wildbestandes zwingt sich gebietsweise auf, um einen Bestand von durchschnittlich 35 Stück pro 1000 ha zu erreichen.

Die Ostkantone liegen im Naturparkgebiet Hohes Venn-Eifel, das sich über ein geschütztes Gebiet von 67.000 ha erstreckt. Es entstand nach einem Staatsvertrag zwischen Belgien und Deutschland im Februar 1971. Damals wurde eine internationale Kommission ins Leben gerufen, die sorgfältig die Raumordnung im Naturpark überwacht und die sich regelmäßig versammelt, um die grenzüberschreitenden Probleme, wie die der Wasserzufuhr, der Abwässer, der Jagd und dergleichen zu regeln und zu reglementieren.

Rund 4300 ha des Naturparkes genießen besonderen Schutz und werden als staatliches Naturreservat Hohes Venn bezeichnet. Das Naturreservat, das 1957 gegründet wurde, ist seinerseits in verschiedene Zonen eingeteilt. Einige kann man frei, andere nur in Begleitung eines Führers und noch andere ganz und gar nicht betreten.

Die gehißte rote Flagge im Hohen Venn: es besteht Brandgefahr. Der Zugang zum Gebiet ist strengstens untersagt.

Aus der (strengen) Reglementierung zitieren wir: das Publikum wird zum Naturreservat zugelassen zwischen Sonnenaufgang und Sonnenuntergang unter ausdrücklichen Bedingungen: in den sogenannten B-Zonen muß das Publikum den gekennzeichneten Wegen und Pfaden zu folgen. In den sogenannten C-Zonen wird das Publikum dazu angehalten, die gekennzeichneten Wege und Pfade in Begleitung eines Führers, zu folgen.

In den D-Zonen ist der Zugang für Publikum untersagt. Obendrein ist das Reiten und das Führen von Gesellschaftstieren, selbst an der Leine, verboten, und zwar im gesamten Naturreservat. Während der Brutperiode der dort lebenden Vögel und insbesondere des immer seltener werdenden Birkhuhns, das Symbol des Hohen Venns, sind verschiedene Gebiete des Naturreservates nicht zugänglich. Dem Publikum ist ebenfalls der Zutritt untersagt, wenn die rote Flagge an den Haupteingängen des Venns gehißt sind. Diese rote Flagge weist auf Brand- oder andere (vorübergehende) Gefahren im Venngebiet hin. Informationen über die Zugänglichkeit des Gebietes können Interessenten unter folgender Telefonnummer erhalten: 080/44.72.72 und 080/44.72.73.

Die Besucher des Gebietes verpflichten sich, sich zu allen Zeiten vorbeugend zu verhalten und sich bewußt davon zu sein, daß Pflanzen und Wild völligen Schutz genießen. Deshalb ist es strengstens verboten, Bäume, Pflanzen, Sträucher gleich welcher Art zu zerstören, zu pflücken oder zu beschädigen. Auch ist es verboten, Waldbeeren in größeren Mengen zu pflücken, das Wild (seine Jungen oder seine Eier) zu jagen, zu fangen oder die Nester zu zerstören.

Die Brandgefahr im Venngebiet ist extrem groß. Darum ist äußerste Vorsicht geboten und Rauchen verboten.

Lassen Sie auch keinen Müll liegen. Da die Besucher dieses Gebiet aufsuchen, um Ruhe, Stille und reine Luft zu genießen, ist es ebenfalls verboten, Fahrräder oder andere Fahrzeuge zu benutzen, Ski zu fahren oder Radios mitzubringen, da diese die Ruhe des Gebietes und der hier lebenden Tiere stören können.

Förster kontrollieren das Einhalten der Reglements im Naturreservat. Ihnen stehen freiwillige Aufseher (durch ein rotes Armband gekennzeichnet) zur Seite. Sie haben die Aufgabe, den Besucher zur Einhaltung der Regeln des Naturreservates zu bewegen. Die Föster können notfalls einen Strafzettel ausstellen, wenn sich diejenigen, die gegen die Regeln verstoßen, nicht zur Vernunft bringen lassen.

Interessenten für geführte Wanderungen im Naturreservat erhalten Informationen unter der Telefonnummer 080/44.72.72 und 080/72.72.73. Fax 080/44.72.74.

Das Hohe Venn

Über das Hohe Venn sind bereits dutzende Bücher erschienen, die bis ins kleinste Detail das Gebiet beschreiben. Dieses Naturphänomen, das einzigartig ist in

Europa, zieht die Naturliebhaber an. Das Hohe Venn war während vieler Jahrhunderte ein schwer zu durchdringendes und rauhes Gebiet. Das strenge Klima, das hier noch stets herrscht, war dem sicherlich nicht fremd.

Lange und kalte Winter, reicher Schneefall, dichter und regelmäßiger Nebel, eine durchschnittliche Jahrestemperatur, die 6,5°C kaum übersteigt und ein durchschnittlicher Niederschlag bis 1400 mm, sind die Elemente des typischen Vennklimas. Hier werden bloß zirka 120 frostfreie Tage registriert und meistens fällt der erste Schnee bereits im Oktober oder Anfang November, während der letzte Schnee erst Ende April schmilzt – ein anormal strenges Klima für ein Gebiet auf einer solchen Höhenlage.

Römer

Bis im Mittelalter wurde das Gebiet nur sporadisch von Menschen durchquert. Die Kelten kamen hier vorbei und gelegentlich auch die Römer. Im 8. Jahrhundert legten die Merowinger hier sogar eine Heerbahn an, die Via Mansuerisca, die 1932 bei Ausgrabungen teilweise entdeckt wurde von Pfarrer Josef Bastin. Während des Mittelalters bearbeiteten die Bewohner aus den Dörfern rund um die Hochebene das Hohe Venn, um ihren Lebenunterhalt zu verdienen. Holz wurde zum Heizen gebraucht. Der Boden wurde zu Weideland für Kühe und Schafe und man säte auch Roggen und Buchweizen, nachdem Wald und Venn

Schnee auf dem Hohen Venn.

DIE WUNDERGESCHICHTE

DER SAMARITER VON BARAQUE MICHEL. Die Straße, die von Eupen aus über das Hohe Venn führt und sich dort in einen Weg nach Malmedy und einen nach Weismes trennt, bringt Sie, bevor Sie das Signal de Botrange erreichen, über die Spitze der Baraque Michel (675 Meter), einen der höchsten Punkte Belgiens. Auf der Baraque Michel finden Sie eine komfortabel eingerichtete Herberge. Einst befand sich hier die erste Schutzhütte des Hohen Venns. Mit dieser Hütte ist eine merkwürdige Geschichte verknüpft. Die Geschichte des mittellosen Michel Schmitz, der aus Sinzig am Rhein im Jahre 1798, im Alter von vierzig Jahren, aus bisher unbekannten Gründen nach Herbiester zog, wo er als Knecht Arbeit fand und Marguerite Pottier heiratete. 1809, zur Zeit der französischen Besetzung, verließen sie den Weiler Jalhay und errichten eine armselige Hütte auf der Baraque Michel, ein zentraler Durchgangspunkt für all diejenigen, die von Verviers, Spa, Eupen und manch anderem Ort nach Malmedy zogen, wo das Gericht Erster Instanz seinen Sitz hatte. In der ärmlichen Hütte konnten die Reisenden etwas zu trinken und eine kleine Mahlzeit zu sich nehmen. Das Leben der Familie Schmitz ging ruhig weiter bis kurz vor Michels Tod, im Jahre 1819. An einem kalten Wintertag, während der Jagdzeit, führte ihr unruhiger Hund sie zu einem im Schneesturm schwach um Hilfe rufenden, verirrten Mann, einem gewissen von Rondchâne. Sie nahmen ihn auf und retteten ihn vor dem sicheren Tod.

Die Kapelle Fischbach auf der Baraque Michel.

Ihre tapfere Tat beeindruckte Ritter Henri-Toussaint Fischbach, Schwiegersohn des Geretteten. Er vermachte der Familie Schmitz einen Teil seines Vermögens, worauf sie ihre ärmliche Hütte zu einer komfortabelen Herberge umbauen konnten. Der Ritter ließ dort auch eine bronzene Glocke anbringen. Die Bewohner der Herberge mußten diese Glocke läuten als Orientierung bei Schneesturm oder Nebel, damit die Reisenden sich nicht verirren. Als Dank sollte der Ritter auf der Baraque Michel auch noch eine Kapelle erbauen, die seinen Namen trägt.

SAMMELLEIDENSCHAFT

NATURPARKZENTRUM BOTRANGE. Knapp 800 Meter vom Signal de Botrange entfernt, finden Sie das in Naturstein des Gebietes erbaute und hervorragend in die Landschaft integrierte Naturparkzentrum Botrange. Ein Treffpunkt für Wanderer und Naturfreunde, der den ersten Naturpark und das größte Naturrreservat unseres Landes sowie den Deutsch-Belgischen Naturpark darstellt.
Die Ausstellung im Naturparkzentrum zeigt die fesselnde Geschichte des größten geschützten Naturgebietes unseres Landes, das Hohe Venn. Sowohl die Geografie, die Natur, die Umwelt, die Bodenbeschaffung als auch die Geschichte und die Kultur des Gebietes kommen an die Reihe. Eine kurze aber fesselnde Diamontage zeigt die vielen Sehenswürdigkeiten der Region, wobei selbstverständlich die einzigartige Natur hervorgehoben wird. Außer der Dauerausstellung bietet das Naturparkzentrum Botrange immer wieder zeitlich begrenzte Ausstellungen zu irgend einem Naturthema an. Auf Anfrage können Sie sich auf Großleinwand auch Dokumentarfilme über die Natur des Hohen Venns, den Wald und die belgischen Naturreservate anschauen. Das Zentrum ist ebenfalls Ausgangspunkt für viele geführte Wanderungen durch das einzigartige Venngebiet, die sich nach dem Kalender der Natur richten, beispielsweise Sonnenblumenwanderungen, Pilzwanderungen, usw. Gruppen können Wanderführer reservieren. Sehr interessant ist auch der Naturlehrpfad, der die Wanderer über fünf Kilometer durch Wald und Venn führt, und wo Sie eine Menge über diese naturreiche Region erfahren. Die Wanderung wird von sieben Beobachtungsposten unterbrochen, wo mehr als sieben verschiedene Themen behandelt werden: Nadelbäume, Blumen, Wassertiere, Blätter, Tierspuren und Bodentiere. In der Nähe des Zentrums befindet sich ebenfalls das bemerkenswerte Polleur-Venn, das über einen neuen Lehrpfad verfügt. Er führt Sie durch die typische Landschaft des Hohen Venns. Dieser Lehrpfad

und das Zentrum sind ebenfalls für Rollstuhlfahrer zugänglich. Und natürlich können Sie nach einer ordentlichen Wanderung, beim gemütlichen offenen Kamin wieder zu Kräften kommen. Demnächst soll hier ein neues Gebäude entstehen, um die Besucher noch besser empfangen zu können. Das Naturparkzentrum in Robertville ist täglich von 10 bis 18 Uhr geöffnet. Für Informationen und Jahresprogramm 'NaturErleben' wende man sich an das Naturparkzentrum Botrange, 4950 Robertville, Tel. 080/44.57.81 – Fax 080/44.44.29. Das Naturparkzentrum bietet ebenfalls Wochenprogramme in Deutschland, Belgien und den Niederlanden an: NaturReisen.

Das Naturparkzentrum Botrange.

abgebrannt wurden. Man stach an verschiedenen Orten Torf und verwendete ihn als Brennstoff zum Heizen. Dieser Brauch wurde bis 1964 beibehalten.

Flora und Fauna

Das Gebiet des Hohen Venns zählt übrigens zu einem der wichtigsten Wasserquellgebieten unseres Landes. Hier entspringen zahlreiche Flüßchen, beispielsweise die Gileppe, die Statte, die Hoegne, die Hill, die Weser, die Rur, der Getzbach, der Schwarzbach und andere. Verschiedene Staudämme fangen das Wasser dieser Bäche auf.

Wanderer entdecken hier ebenfalls eine bemerkenswerte Flora mit Pflanzen, die normalerweise nur in Polargebieten und im Hochgebirge wachsen. Nennen wir nur einige der bemerkenswertesten Pflanzen: Alpenbärwurz, Beinbrech, Borstengras, Glockenheide, Gränke, Moosbeere, Siebenstern, Sumpfblutauge und Wollgräser. Doch auch die Tierwelt ist durchaus bemerkenswert. Auch hier gibt es ganz seltene Arten: Alpenplanarie, vieläugige Planarie, Schneefloh, Sumpfohreule, Waldohreule, Wiesenpieper, Birkhahn, Reh- und Rotwild.

Vennkreuze

Die wunderbare Welt des Venns hat im Laufe der Jahrhunderte in starkem Maße die Fantasie der Menschen angeregt. In früheren Jahrhunderten wurde das Gebiet, worüber viele seltsame Geschichten die Runde machten, so viel wie möglich gemieden. Das Venn war wenig einladend. Es liefen nur sehr wenige sichere Wege durchs Venn. Das Moor überwucherte größere Gebiete als heutzutage der Fall ist, und nur wenn es gar nicht anders ging, reiste man durch diese unheimliche Landschaft. Wenn dann plötzlich rauhes Wetter das Gebiet heimsuchte, wußten die Reisenden, daß Lebensgefahr drohte. An die vielen tödlich verunglückten Menschen erinnern die Vennkreuze, die an verschiedenen Stellen aufgestellt wurden, auch wenn nicht für jedes Opfer ein Kreuz aufgestellt wurde. Kreuze wurden übrigens aus verschiedenen Gründen errichtet: Mord, Tod durch Unfall, durch Verirren, durch Blitzeinschlag und dergleichen mehr. Es gibt Kreuze, die an Flugzeugunfälle und an zwangsarbeitende Kriegsgefangene erinnern.

Kreuze findet man im Hohen Venn vielerorts.

Wir zitieren hier u.a. auch das Kreuz der Verlobten und das Mockelkreuz, das an den limburgischen Forstmeister Jacob Mockel erinnert, der 1626 ermordet wurde, das Pickray-Kreuz, das auf den Tod von Pierre Pickray hinweist, dessen Leiche man 1882 aus dem Venn geborgen hat, das Dethier-Kreuz, das im Jahre 1980 errichtet wurde zur Erinnerung an Holzhacker Marcel Dethier, der im Alter von 46 Jahren beim Fällen von Fichten ums Leben kam, das Christiane-Kreuz, ein in Rechter Blaustein gehauenes Kreuz, das des Todes von Leonard Christiane, gestorben am 15. Juli 1839, gedenkt. Dieser wurde vom Blitz erschlagen, als er Gras im Venn mähte. Weiterhin stehen dort auch viele Kreuze, die an das Kriegsgeschehen und deren Opfer erinnern. Das wohl bekannteste Kreuz ist zweifellos das 'Kreuz im Venn', das sich auf dem Grundgebiet der Gemeinde Weismes, auf dem Stein von Richelsley, befindet. Das eiserne Kreuz hat eine Höhe von sechs Metern und wurde hier durch den Pastor des heute deutschen Kalterherberg im Jahre 1890 errichtet. Pastor Arnoldy ließ es hier errichten als Erinnerung an den Prior von Reichenstein, Stefan Horchem, der von 1639 bis 1686 mit dem Beinamen 'Vennapostel' lebte. In einer Höhle im Felsen von Richelsley wurde durch die Pfarrangehörigen, als Huldigung an ihren Pastor, auch ein Bild der Heiligen Muttergottes von Lourdes aufgestellt. Jedes Jahr zieht hierhin am Dreifaltigkeitssonntag eine Prozession. Dieses Kreuz wurde vor allem während der Mobilisierung 1939 bekannt, als es als Beobachtungsposten der belgischen Armee dienlich war. Ein belgischer Soldat kletterte in das Kreuz, versteckte sich in dessen Armen und beobachtete von dort aus die Siegfriedlinie. Neben den zahlreichen Kreuzen, stoßen Wanderer im Venngebiet unweigerlich auch auf zahlreiche Monumente und ehemalige Grenzpfähle. Beim Verkehrsamt der Ostkantone erhalten Sie eine Karte, die diese verschiedenen Monumente, Kreuze und Grenzpfähle beschreibt und auf einer Karte situiert. Das Hohe Venn gilt deshalb in mancher Hinsicht als ein bemerkenswerter Naturhort voller Entdeckungen.

Feste und Folklore

An Volksfesten und Festivitäten fehlt es keineswegs in den Ostkantonen. Oft haben alte Traditionen, die anderswo längst ausgestorben sind, tapfer den modernen Zeiten getrotzt. Andere Feste wiederum werden in neuem Glanz präsentiert. Viele Feste basieren ursprünglich auf kirchlichen Ereignissen, denn die Region ist vom christlichen Glauben geprägt. Davon zeugen die Kreuze und Kapellen entlang vieler Wege und in vielen Orten.

Eine Übersicht über alle Festlichkeiten und Folkloreveranstaltungen zu erstellen scheint schier unmöglich, auch für ein begrenztes Gebiet wie die Ostkantone. Die Auswahl ist überwältigend. Außerdem veröffentlicht das Verkehrsamt der Ostkantone alljährlich einen Veranstaltungskalender, den jeder Interessent erhalten kann.

Jedes Dorf, jedes Örtchen hat seine Kirmes, seinen Trödel- und Weihnachtsmarkt sowie seinen Karnevalszug. Deshalb haben wir uns im Rahmen dieses Buches darauf beschränkt, die wichtigsten Geschehnisse im Laufe des Jahres vorzustellen.

Dreikönigsfest

Am 6. Januar verkleiden sich die Kinder auch hier als die Heiligen drei Könige und ziehen von Tür zu Tür, um ihre religiösen Lieder zu singen. Genauso wie in anderen Orten unseres Landes erhalten sie dafür Süßigkeiten, ein Spende oder ein kleines Taschengeld. Am Giebel oder auf der Türe des Hauses, in dem sie gesungen haben, schreiben sie anschließend noch eine Friedensbotschaft.

Karneval

ALAAF IN EUPEN. Der Karneval hat in den Ostkantonen einen außergewöhnlichen Stellenwert. Alaaf und Helau! Diese beiden Ausdrücke hören Sie laufend, wenn Sie in den Ostkantonen Karneval feiern. Sicherlich ist in den deutschsprachigen Kantonen der rheinische Einfluß unverkennbar. In Gemeinden wie Eupen, Kelmis, Raeren, Büllingen, Bütgenbach und Manderfeld geht es oftmals genauso hoch her wie in den deutschen Karnevalshochburgen, Köln, Düsseldorf und Mainz, wenn auch ein wenig kleiner. Der Ursprung des Karnevals ist unterdessen zur Genüge bekannt. Das Wort ist abgeleitet vom Lateinischen 'carne vale' (das 'Abschied vom Fleisch' bedeutet) oder 'carne levare' (für 'weggenommenes Fleisch'). Deutlich wird, daß beide Erklärungen Nachdruck legen auf 'Fleisch entbehren' während der Fastenzeit. Damit legen Ethymologen jedoch sehr viel Nachdruck auf die Verbundenheit zwischen Karneval und dem christlichen Fasten, während das Karnevalsfest, laut Überlieferung, älter sein soll als das Christentum. Daß die Karnevalstage schlußendlich in die liturgischen Kalender aufgenommen wurden, hat mit der Tatsache zu tun, daß sie früher oft stark ausarteten und daß die Kirchenleitung sie noch nicht verbieten konnte.

Karneval gilt zweifellos als das größte jährlich wiederkehrende Fest in den Ostkantonen. Bloß während der Kriegsjahre und einmal wegen einer drohenden Pockenepidemie in den sechziger Jahren, wurde der Karneval durch die Behörden verboten.

In der Deutschsprachigen Gemeinschaft basieren die Festlichkeiten stark auf rheinländischen Traditionen. Malmedy und Umgebung wiederum prunken mit einem ganz besonderen, authentischen Karnevalsfest.

Genauso wie bei unseren Nachbarn im Osten, beginnt das Karnevalsfest in der Deutschsprachigen Gemeinschaft bereits am 11. November, Punkt 11.11 Uhr. Selbstverständlich verbirgt sich dahinter auch eine symbolische Erklärung. Die Zahl 11 symbolisiert die 'jecken Tage'. Um diese Zahl, die der zehn folgt und ein Ganzes abschließt, in Ehren zu halten, legt eine Ratssitzung, bestehend aus elf Mitgliedern (der sogenannte 'Elferrat') die elf Gesetze fest, die während der kommenden (Fest)tage insbesondere gelten.

Bevor die eigentlichen Festlichkeiten beginnen, finden die sogenannten 'Kappensitzungen' statt. Dies sind stimmungsvolle Treffen, wo Troubadoure und Witzeerzähler auf humoristische, oft auch auf ironische und dann wieder auf spöttische Weise die Dorfpolitik und angesehene Personen 'auf den Arm' nehmen. Das Ganze wird von 'Tanzmariechen' (Majoretten) und 'Prinz Karneval' umrahmt. Der Prinz muß übrigens während dieser Kappensitzung seine Sprach- und Schlagfertigkeit unter Beweis stellen.

Den Höhepunkt des Karnevals bilden die Karnevalsumzüge, die meist am Karnevalssonntag und am 'Rosenmontag' durch die Straßen der größeren Gemeinden ziehen. Monatelang arbeiten die verschiedenen Vereine des Dorfes oder der Stadt an ihren meist bunten Karnevalswagen. Oft weisen diese auf die Geschehnisse aus Politik und lokalem Leben hin. Den Höhepunkt eines jeden Umzuges bildet der sogenannte 'Prinzenwagen'. Dies ist der Wagen, auf dem der Prinz und sein Gefolge Platz genommen haben. Der Tag endet immer mit einem großen Ball, der meistens erst in den frühen Morgenstunden ausklingt.

Die 'jecken Tage' oder die Karnevalstage in Ostbelgien beginnen traditionsgemäß mit dem 'Altweiberdonnerstag'. An verschiedenen Orten wird dieser auch 'Möhnendonnerstag' genannt. Die 'alten Weiber' haben dann die Macht in Händen. Das bedeutet für alle Männer und Autofahrer, die an diesem Donnerstag nicht freigiebig sind, erhöhte Aufmerksamkeit. Sie riskieren mit einer abgeschnittenen Krawatte nach Hause zu kommen, denn die Damen haben das Recht diese abzuschneiden, wenn die Brieftasche nicht zum Vorschein kommt. Auch die Kinder kommen auf ihre Kosten und gehen meist am Altweiberdonnerstag oder am Rosenmontag von Tür zu Tür, in der Hoffnung einige Süßigkeiten zu erhaschen. An vielen Orten findet am Karnevalssonntag der Kinderzug statt.

Am Aschermittwoch ist das tolle Fest vorbei. Traditionsgemäß erhalten alle Gäste in ihren Stammkneipen an diesem Tag einen sauren Hering.

WALLONISCHER KARNEVAL IN MALMEDY. Der Karneval in Malmedy stützt sich auf andere Traditionen und Bräuche und unterscheidet sich augenscheinlich in vieler Hinsicht vom Rheinischen Karneval, wie er in den deutschsprachigen Gemeinden der Ostkantone gefeiert wird. Der wallonische Karneval basiert ebenfalls auf einer reichen Tradition. Aus alten Folianten vom 25. Juni 1459 stellt sich heraus, daß der 'Cwarmé', wie der Karneval in Malmedy genannt wird, damals bereits am Montag und Dienstag gefeiert wurde. Ein anderes Dokument zeugt von einem schweren Unfall, der 1666 geschah und bei dem ein junges Mädchen ums Leben kam, nachdem ihre Maske am Fettdonnerstag in Brand geriet.

Die Kostümbälle gefielen jedoch den Fürstäbten von Malmdy – Stavelot nicht. Sie sahen darin Überbleibsel des heidnischen Glaubens und verboten diese Feste ab dem 17. Jahrhundert. Der Karneval hielt jedoch stand und wurde, nur während der zwei Weltkriege und wegen einer drohenden Pockenepidemie 1962 verboten.

Vier fette Donnerstage läuten traditionsgemäß den wallonischen Karneval von Malmedy ein. Der echte Karneval beginnt jedoch erst am Karnevalssamstag, wenn der sogenannte 'Trouv' lè' gegen 14 Uhr die Macht der Stadt vom Bürgermeister übernimmt. Von da an dauert der Karneval vier Tage. Abends findet ein Fackelzug statt, der durch die kostümierte 'grosse police' und die 'djoupsènes' (die ägyptischen Damen) angekündigt wird. Seinen Höhepunkt erreicht der Karneval am Sonntag.Dann zieht ein grosser Umzug durch die Straßen, worin alle für den Malmedyer Karneval typischen Masken vertreten sind. Und das sind einige, wie wir bei einem Besuch im Karnevalsmuseum, wo alle Masken in Lebensgröße ausgestellt sind, feststellten. Die 'Haguètes' zum Beispiel lieben es, die Zuschauer zum Narren zu halten. Mit ihren langen Armen greifen sie hin und her und halten den Zuschauer fest, der dann auf

Knien um Vergebung bitten muß. Sie sind gerade verschwunden, dann kommt auch schon der 'Vèheu'. Mit einer aufgeblasenen Schweinsblase schlägt er die Zuschauer, wenn auch nur leicht. Und auch der 'Harlekin' ist um einen Witz nicht verlegen. Viele Zuschauer sind dann auch erleichtert, wenn diese Figuren genauso schnell verschwinden, wie sie gekommen sind. Die 'savadjes-cayets', die 'wilden Schwarzen' sind mit Musikerkostümen verkleidet und verteilen Küßchen. Die 'cwapis' (der Schuhmacher, zusammen mit dem Bäcker, einer der zwei traditionellen im Zug vergegenwärtigten Berufe) versuchen einer Frau ein Paar hohe Stiefel anzuziehen. Die 'lonkès-bresses' (die langen Arme) sind ebenfalls der Schreck der Damen, versuchen sie doch mit ihren langen Armen deren Frisuren durcheinander zu bringen. Die 'longs ramons' (die langen Besen) sorgen dafür, daß diejenigen, die von den Balkonen das Geschehen verfolgen, genausowenig Ruhe haben wie die Zuschauer an der Straße.Sie geben den Zuschauern einen neckischen Stoß mit ihren langen Besen. Aber jede Quälerei hat einmal ein Ende . Dann wird der Zug ruhiger und der 'Pierrot' kommt an die Reihe. Dieser belohnt die Zuschauer für die durchstandenen Emotionen. Der Pierrot hat Platz genommen auf dem einzigen Wagen des Zuges und teilt unter den Zuschauern Apfelsinen und Nüsse aus.

Der Karnevalsmontag verläuft etwas ruhiger. Dann steht das Rollenspiel auf dem Programm. Die zwei traditionellen Karnevalsvereine zeichnen schon Jahrzehnte lang für die Organisation verantwortlich. An verschiedenen Stellen der Stadt werden durch Schauspieler Szenen in wallonischem Dialekt aufgeführt, die die lokalen Zustände und Persönlichkeiten aufs Korn nehmen. Am Dienstagabend wird schlußendlich die 'Haguète', die wohl bekannteste Figur des Karnevals von Malmedy, verbrannt. Das normale, alltägliche Leben kann wieder beginnen.

Einer der typischen alten Bräuche, der ebenfalls standgehalten hat, ist das 'Burgfeuer'. Dieses findet überall in der Eifel am ersten Sonntag nach Karneval statt. Die Jugendlichen des Dorfes sammeln Stroh, u.ä.m. und werfen dies zu einem großen Haufen zusammen, über dem eine Puppe befestigt wird. Dieser wird dann abends angezündet. Dieser Brauch läutet das Ende des Winters und den Anfang des Frühjahrs ein.

Ostern

Das Osterfest geht auf längst vergangene Zeiten zurück. Die Juden feierten das Osterfest am ersten Vollmondtag des Frühlings. Das Fest erinnerte sie an die Befreiung aus Ägypten. Bis ins zweite Jahrhundert blieb dieses Datum für den Beginn des Osterfestes bestehen. Dann entstanden Uneinigkeiten zwischen den Christen in Rom und denen in Kleinasien. Das Konzil von 'Nizaä',325 nach Christus in Rom, bereitete dem Brauch ein Ende und bestimmte, daß Ostern nunmehr am ersten Sonntag nach Vollmond des Frühjahres stattfinden soll, zwischen dem 22. März und dem 25. April.

Die ursprüngliche religiöse Bedeutung von Ostern, die Auferstehung Christi, wurde während vieler Zeiten verbunden mit zahlreichen Frühjahrsbräuchen, wovon viele leider abgeschafft oder vergessen sind. Und doch haben einige Bräuche in den Ostkantonen den Zeiten getrotzt. So ziehen in zahlreichen Dörfern und Städten am Karfreitag und -samstag Kinder mit Rasseln und Schellen an den Häusern vorbei, um Ostereier zu erbetteln. Die Rasseln ersetzen die Kirchenglocken, da diese in dieser Zeit nach Rom geflogen sind.

In einigen Dörfern wurde in den letzten Jahren ein alter Brauch wieder aufgefrischt: Während des Ostergottesdienstes werden Speisen wie Eier, Salz, Schinken, Wurst, selbstgebackenes Brot und Butter in ein Körbchen gelegt und gesegnet. Diese gesegneten Speisen verteilt man an Freunde oder man ißt sie am Familientisch als erste Ostermahlzeit.

Maiennacht

Ein anderer alter Brauch, der in den Ostkantonen noch gefeiert wird, ist die Maiennacht. In der Nacht vom 30. April auf den 1. Mai versammeln sich alle Junggesellen eines Dorfes. Um Mitternacht ziehen sie mit Birkenbäumchen beladen durch die Straßen und singen an jeder Türe, wo ein Mädchen wohnt. Während des Singens wird ein Birkenbaum an der Türe befestigt. Das Mädchen, das durch den Gesang geweckt wurde, öffnet die Türe und lädt die Jungen zu einem Getränk ein. Die Maiennacht wird vor allem im Malmedyer Land und in der belgischen Eifel gefeiert.

Sommerzeit bedeutet oft auch Kirmeszeit. Fast jedes Dorf der Ostkantone organisiert zu genauen Zeitpunkten dieses Dorffest. Zu den wichtigsten Volksfesten gehören in Burg Reuland das Burgfest, die Seefeste in Bütgenbach und Robertville und der sogenannte Jahnlauf in Schönberg – ein Froschlauf. Dieser traditionelle Lauf ist auf eine Anekdote von Graf Kuno, einen mittelalterlichen Burgherrn zurückzuführen. Ein nicht zu verpassendes Spektakel! Im August findet u.a. der traditionelle Jahrmarkt in Burg Reuland und das Tirolerfest in Eupen statt. Im September lockt auf dem Werthplatz in Eupen der Lambertusmarkt wiederum eine Menge Interessenten an.

Sankt Martin

Die Sankt Martinszüge gehören ebenfalls zu den traditionellen Festen der Ostkantone. Der Heilige Martin wird am 11. November gefeiert. Er war, so sagt die

Legende, ein 15-jähriger Soldat, der seinen Mantel mit einem leidvollen Bettler teilte. An verschiedenen Orten der Ostkantone zieht am Festtag des Heiligen Martin oder an einem Tag vor oder nach dem Festtag, ein Zug durch die Straßen. Erwachsene und Kinder basteln hierfür Laternen und begleiten damit den Zug, der des Heiligen Martins gedenkt. Martin selbst wird von einem Reiter dargestellt, der am Ende des Zuges seinen Mantel mit einem Bettler teilt.

Seit einigen Jahren hat die Deutschsprachige Gemeinschaft einen eigenen Festtag, und zwar den 15. November, den Tag der Dynastie.

Weihnachtsmärkte

Weihnachten in den Ostkantonen ist und bleibt ein besonderes Geschehen. Schon lange vor dem eigentlichen Weihnachtsfest herrscht an verschiedenen Orten die typische weihnachtliche Stimmung. Die Weihnachtsmärkte, die praktisch an allen Wochenenden des Monates Dezember an verschiedenen Orten Ostbelgiens organisiert werden, sind die wichtigsten Zeugen dieser vorweihnachtlichen Stimmung. Diese Märkte können sich übrigens in jüngsten Jahren über stets steigendes Interesse freuen. Das Angebot auf dem Markt nahm mit den Jahren zu und beschränkt sich längst nicht mehr auf den Verkauf von Produkten, die das Weihnachtsfest verschönern. Die Märkte wuchsen zu echten Happenings heran, wobei auch musikalische Auftritte einen großen Stellenwert erwarben. Man findet hier ebenfalls zahlreiche Eß- und Trinkgelegenheiten. Eine Übersicht über die verschiedenen Weihnachtsmärkte und Daten ist erhältlich beim Verkehrsamt der Ostkantone.

Ein reiches Kulturleben

Kultur wird in den Ostkantonen groß geschrieben. Vor allem auf musikalischer, aber auch auf literarischer Ebene und der Ebene der bildenden Künste und dem Theater hält das Gebiet ein breitgefächertes Angebot bereit.

Ostbelgienfestival

Seit dem Jahre 1993 haben mehrere Konzertorganisatoren die Kräfte gebündelt und die verschiedenen lokalen Festivals zum 'Ostbelgienfestival' gruppiert. Dieses Festival möchte mit der Zeit das Niveau des 'Festival van Vlaanderen' und des 'Festival de la Wallonie' erreichen.

Die erste Ausgabe dieses Festivals war sowohl was das Programm, den Publikumszuspruch und den finanziellen Erlös betrifft, überaus erfolgreich.

Für die Zukunft haben die Veranstalter große Pläne. In der Periode von Anfang September bis Ende November finden an verschiedenen, oft (kunst)historischen Orten in den Ostkantonen insgesamt zirka zehn Konzerte statt. So fungieren unter anderem die Raerener Burg, die historische Kapelle von Weweler, das Sankt Vither Rathaus, die Burg von Burg Reuland und die Schlösser und Kirchen in Eupen und Umgebung als Traumdekor.

Sowohl bedeutende in- als ausländische Gäste zieren die Plakate. Aber auch lokale Künstler, die zu internationalem Ruhm gelangten, erhalten eine Chance, beispielsweise das Ensemble LYTHEA, unter der Leitung des Musikprofessors und ehemaligen Opernsängers Walter Meessen.

Grenz-Echo

Das Grenz-Echo ist die einzige deutschsprachige Zeitung in Belgien. Sie wurde 1927 gegründet und nimmt seitdem einen festen Platz in der belgischen und Euregio-Medienlandschaft ein.

Die Zeitung sieht auch heute ihre primäre Aufgabe in der regionalen Information. Dass die Redaktion dabei auch über die Grenzen hinausblickt, davon zeugen die täglichen Euregio- und die regelmässigen Brüssel-Seiten.

Das Grenz-Echo, die einzige deutschsprachige Tageszeitung Belgiens.

Neben der Zeitung produziert der Grenz-Echo Verlag am Marktplatz und in seinem modernen Druckhaus an der Vervierser Strasse auch andere Produkte, u.a. Bücher und Bildbände für den hauseigenen Buchverlag und das Brüsseler Monatsmagazin 'der Kontakt'.

Eigener Hörfunksender: B.R.F.

Der deutlichste Beweis der kulturellen Autonomie ist möglicherweise jedoch das Bestehen des BRF, Belgischer Rundfunk, der Radiosender des deutschsprachigen Belgiens. Dieser Sender erblickte unter schwierigen Umständen das Licht der Welt im Jahre 1945. Ziel dieses Senders war es, die 65.000 Einwohner des deutschsprachigen Belgiens besser zu integrieren. Die Sendungen wurden ursprünglich von einer einzigen Journalistin, Irene Janetzky, in Brüssel zusammengestellt. Es sollte bis zum Jahre 1975 dauern, ehe der BRF endlich ein regionales Studio in Eupen eröffnen konnte. Erst 1977 erhielt der BRF eine eigene, selbständige Direktion, die bis dahin abwechselnd zwei Jahre lang von der RTB und der BRT wahrgenommen wurde. Momentan hat der BRF neben gut fünfzig freien Mitarbeitern, 65 fest angestellte Mitarbeiter. Der BRF bietet ein abwechslungsreiches Radioprogramm und informative Nachrichtensendungen. Die Anzahl Hörer wird auf 800.000 geschätzt – ungefähr das Zehnfache der Einwohnerzahl Ostbelgiens. Der BRF hat auch ein großes Hörerpublikum in der Bundesrepublik. Dies kommt vor allem in der Wunschsendung zum Ausdruck. Seit Ende 1993 produziert der BRF ebenfalls ein wöchentliches Fernsehmagazin. Es ist die regionale Fernsehstation 'Télévesdre' aus Verviers, die das deutschsprachige Magazin 'Maskerade' ausstrahlt.

Daß die Deutschsprachige Gemeinschaft ihre kulturelle Autonomie betonen will, spürt man unter anderem auch durch den erklärten Willen, ein internationales Zentrum für zeitgenössische Kunst gründen zu wollen. Dieses Zentrum soll wahrscheinlich im ehemaligen Eupener Schlachthof untergebracht werden. Der Schlachthof wird momentan gründlich renoviert. Im Bereich der bildenden Künste erwähnen wir André Blank aus Raeren, ein Künstler, der internationale Anerkennung erwarb und sich auch als Maler und Glasrahmenmaler einen

Namen machte. Roger Greisch aus Ouren kam ebenfalls zu gewissem Ruhm, genauso wie der Avantgardist Françis Feidler aus Nidrum.

Das Theater kann sich eines erneuerten Interesses erfreuen. In Sankt Vith wird übrigens jährlich ein Theaterfestival organisiert. Die Agora-Gruppe aus Sankt Vith baute mittlerweile auch mit Kindertheater ein beachtliches Repertoire auf. Hierneben finden in verschiedenen Orten regelmäßig Aufführungen in Hochdeutsch und Dialekt (sogenanntes 'Bauerntheater') statt. Dieses Amateurschauspiel trifft ganz besonders den Geschmack der örtlichen Bevölkerung. Ballett und Choreografie bietet das auch in Deutschland bekannte Ensemble 'Irene K'.

Musica Sacra

Auf musikalischer Ebene ist das Ostbelgienfestival, das verschiedene kleinere Musikfestivals gruppiert, erwähnenswert. Im französischsprachigen Teil der Ostkantone, besonders in Malmedy, lebt eine reiche musikalische Tradition. Malmedy verfügt neben zwei Männerchören, der Royale Malmédienne und der Royal Union Wallonne (Gegründet im Jahre 1847), auch über einen gemischten Chor, die Royale Caecilia. Dieser gemischte Chor hat eine reiche Vergangenheit und feierte 1990 sein 100-jähriges Bestehen. Der Chor steht mit an der Basis des Festivals 'Musica Sacra'. In Malmedy besteht übrigens auch ein Damenchor, der auf das Singen von Madrigalen spezialisiert ist.

1990 entstand in Malmedy das Festival 'Musica Sacra'. Dieses Festival umfaßt rund sechs Konzerte über das ganze Jahr verteilt und im Anschluß die liturgischen Feste. Die Malmedyer Kathedrale fungiert hierfür als Bühne. An 'Musica Sacra' wirken seit der Gründung Chöre aus aller Welt mit. Sicherlich liegt der Schwerpunkt auf belgische, deutsche und niederländische Chöre, aber es traten auch bereits Chöre aus Polen, Bulgarien, Rußland,... auf. Alle zwei Jahre tritt auch, im Rahmen der 'Musica Sacra', der 'Montana Youth Choir' aus den Vereinigten Staaten auf. Der Jugendchor unterhält enge Beziehungen zur Malmedyer Bevölkerung und singt neben lateinischen Liedern auch Negrospirituals.

Ende August findet in Malmedy auch das Abteifestival statt. Daran nehmen alle kulturellen Vereinigungen der Stadt, wie beispielsweise die Chöre, die Tanzvereine und die Harmonien teil.

Zum Schluß sollte noch darauf hingewiesen werden, daß der Royal Club Wallon Theateraufführungen in wallonischer Sprache organisiert, außerdem, während der Weihnachtszeit Liederabende, ebenfalls im wallonischen Dialekt.

Nähere Informationen und einen kulturellen Veranstaltungskalender gibt es beim Verkehrsverein, der regelmäßig einen solchen kulturellen Veranstaltungskalender veröffentlicht.

DAS RARITÄTENKABINETT

DIE WESERTALSPERRE IN EUPEN. An der Straße von Eupen nach Monschau, einige Kilometer vom Stadtzentrum entfernt, führt eine Straße zur Wesertalsperre. Durch die Ausläufer des Hertogenwaldes stehen Sie schnell vor einem beeindruckenden Komplex, der in den Jahren 1936-42 und 1946-49 zustande kam und bekannt war unter dem Namen 'Spabrunnen'. Die Wesertalsperre wurde am Zusammenfluß von Weser und Getzbach errichtet und ist zu einem interessanten touristischen Anziehungspunkt geworden. Dort befinden sich auch ein Kinderspielplatz, ein Restaurant und ein hoher Aussichtsturm. Die Staumauer gibt die Möglichkeit einen Wasservorrat anzulegen, der täglich eine durchschnittliche Trinkwassermenge von 71.500 Kubikmeter gewährleisten kann. Das Wasser ist für die Wasserversorgung des Eupener Landes unddes Lütticher Gebietes (außer Stadtzentrum) bestimmt. Am Fuße der Mauer wurde außerdem eine kleine Wasserkraftzentrale gebaut. Der erzeugte Strom dient vor allem zur Selbstversorgung. Eventuelle Überschüsse werden an das öffentliche Stromnetz abgegeben. Die Oberfläche des Sees, der 361 Meter über dem Meeresspiegel liegt, beträgt 126 Hektar bei Vollstau mit einem Inhalt von 25 Millionen Kubikmeter. Die Staumauer selbst ist, Fundamente einbegriffen, 63 Meter hoch. Die maximale Stauhöhe beträgt 57 Meter. Über dem Damm verläuft eine Straße von 410 Meter Länge. Der Fuß der Mauer hat eine maximale Breite von 55 Meter. Die Mauerkrone ist acht Meter breit. Die Mauer wurde aus Beton gebaut, der an der Wasserseite so weit wie möglich wasserundurchlässig gemacht wurde. Die Staumauer ist durch ihr eigenes Gewicht gegen den Druck des Wassers beständig, da die Dammwand als Schwergewichtsmauer entworfen wurde.

Um Wasserverunreinigung auszuschließen, wurde das gesamte Niederschlagsgebiet, das die Talsperre versorgt, als Quellgebiet geschützt.

Die Trinkwasserleitung führt das Wasser durch eine 47 Kilometer lange Rohrleitung, mit einem Durchmesser von 1100 und 800 mm. Es besteht auch eine 800 mm Leitung zur Gileppetalsperre. Das Trinkwasser wird nicht gepumpt, sondern läuft aus eigener Schwerkraft nach Seraing bei Lüttich. Das Trinkwasserreservoir wurde 1968 gebaut und hat, zu Beginn der Rohrleitung errichtet, einen Inhalt von 50.000 Kubikmeter. Für die Unterbringung eines Teils der Beschäftigten wurden an der Staumauer sieben Häuser gebaut.

Gastronomie in den Ostkantonen

Gut Essen gehört natürlich auch zu den Genüssen eines gelungenen Urlaubs in den Ostkantonen. In jüngsten Jahren boten zahlreiche Restaurants und Hotels aber auch kleinere Gaststuben dazu die Gelegenheit. 'Belgien Schlemmerland 1990' wirkt hier noch nach und hatte einen wichtigen Einfluß auf das Angebot in den Ostkantonen. Ostbelgien verfügt übrigens über einige Köche von internationalem Ruf.

Viele für diese Region typischen Gerichte gibt es zwar nicht, aber wo Sie auch einkehren, man wird Ihnen stets eine köstliche Mahlzeit servieren. Mancherorts sind einige Spezialitäten zu erhalten, die wir hier kurz beschreiben wollen.

In Eupen sollten Sie zum Bäcker gehen und sich einen Eupener 'Platz' erstehen. Dies ist ein großes rundes Weißbrot, das mit Zuckerstückchen gebacken wird. Es hat jedoch einen anderen Geschmack als Zuckerbrot. In den meisten Bäckereien sind übrigens Viertel Platz erhältlich. Eupen ist ebenfalls wegen seines Bieres bekannt, das immer noch in Eupen gebraut wird. Der Schnaps hingegen, der das Städtchen ebenfalls bekannt machte, wird immer weniger gebrannt. Der 'Bimmelepick', mit schwarzen Johannisbeeren versetzter Genever, wird ebenfalls immer seltener. Frauen trinken ihn noch gerne als Likör, unter der Bedingung, daß er ausreichend gesüßt ist. Männer trinken diesen selbstgemachten Schnaps eher zur besseren Verdauung, unter der Bedingung, daß der Trunk stark genug ist. Füllen Sie zur Herstellung dieses Schnapses ein Drittel einer Flasche mit schwarzen Beeren, fügen Sie einige Stücke Kandiszucker hinzu und übergießen Sie das Ganze mit Kornschnaps. Anschließend lassen Sie die Flasche einige Wochen gut verschlossen in der Sonne stehen um sie dann im Winter zu trinken. Die 'Bimmelepick'-flaschen werden vor allem während der Karnevalstage schnell geleert. Daß man in Eupen Süßigkeiten liebt, beweist eine andere Spezialität: der sogenannte schwarze Fladen mit 'Obft' (eine Entartung des Wortes 'Obst').

Zu den alltäglicheren Gerichten gehören zahlreiche Eintöpfe und die berühmte Erbsensuppe, die 'Aernteprítsch' in Eupen und die 'Erebsenzopp' in der Eifel. Scheiben Wurst und Speck stellen die Hauptzutaten dar. Auch das Sauerkraut ist selbstverständlich nicht zu verachten. In vielen Gemeinden gehört auch die Blutwurst zu den örtlichen Spezialitäten. Oft werden die Regionalgerichte auf Volksfesten oder zur Kirmes serviert.

In Montenau wird Schinken geräuchert und Ligneuville erwarb große Bekanntheit aufgrund seiner Forellenzucht.

Im Herbst und in der Jagdsaison bieten natürlich zahlreiche renommierte Restaurants Wild- und Jagdmenüs an. Die Ostkantone erwarben auch hierdurch eine gewisse Bekanntheit und ziehen alljährlich tausende Urlauber an.

Rehkeule, Rehfilet, Hasenrücken, Hirschfleisch, Hirschfilet, wilde Ente,... Dies sind nur einige der Gerichte, die Sie während des Herbstes auf den Speisekarten zurückfinden. Die Gesetzgebung ist allerdings sehr streng und verbietet das Anbieten von Wildgerichten außerhalb der offiziellen Jagdperioden. Diese werden festgelegt für Hirsche vom 15. September bis zum 10. Dezember, für Hirschkuh und Rehkalb vom 15. Oktober bis zum 10. Januar, für Rehbock vom 1. Oktober bis zum 10. Dezember, für Wildschwein ohne Beschränkung während des ganzen Jahres, für Hase vom 15. Oktober bis zum 10. Januar, für Rebhuhn vom 15. September bis zum 10. Dezember und für Fasan vom 15. Oktober bis zum 10. Januar. Diese Regelung sorgt dafür, daß stets frisches (und kein tiefgefrorenes) Fleisch auf den Tisch kommt. Daher auch die Beschränkung der Periode von gastronomischen Wildmenüwochenenden auf die Monate September bis Dezember.

Einige Rezepte ostbelgischer Spezialitäten

RUSSISCHER SALAT. Typisch für Malmedy während der Karnevalszeit ist das Zubereiten von russischem Salat.

Zutaten: 12 Heringfilets, 15 halbgroße Pellkartoffeln, 1 Kg frische rote Beete (oder ein Glas), 4 Äpfel, 4 große saure Gurken, 2 Zwiebel, 4 hart gekochte Eier, 150 Gr. Nüsse, 400 Gr. Mayonnaise, Essig, Zucker, Salz und Pfeffer.

Zubereitung: Alle festen Zutaten in kleine Stückchen schneiden und mit Mayonnaise, etwas Essig und eventuell einer Prise Salz mischen. Den Heringsalat können Sie ruhig einige Tage im Kühlschrank aufbewahren.

PFANNKUCHEN MIT BRENNESSEL. Zuerst müssen Sie einen Teig zubereiten. Zutaten hierfür: 4 Eier, 500 Gr. Mehl (250 Gr. Buchweizen- und 250 Gr. Weizenmehl), Milch und eine Prise Salz.

Nach der Zubereitung des Teigs fügen Sie einen kleinen Behälter gekochte Brennessel hinzu. Vor dem Kochen schneiden Sie die Brennessel selbstverständlich klein.

Die Pfannkuchen werden dünn gebacken. Sie werden serviert mit einem Stück Butter, etwas geriebenem Käse (vorzugsweise Gruyère) und etwas Pfeffer aus der Mühle. Der Pfannkuchen bleibt länger warm, wenn man ihn in der Mitte faltet.

RHABARBERKOMPOTT. Schälen und schneiden Sie 1 Kg Rhabarber in Stücke. Legen Sie diese anschließend in eine feuerfeste Schüssel. Alles mit Puderzucker bestreuen. Kein Wasser hinzufügen, wohl aber ein wenig Zimt und zirka 400 Gr. Zucker. Lassen Sie alles langsam im Ofen ziehen.

Wenn der Saft den Zucker aufgesaugt hat und die Rhabarberstücke weich sind, ist der Kompott fertig für den weiteren Gebrauch, z.B. für die Zubereitung eines Rhabarberfladens.

FORELLEN AUF ARDENNER ART. Zutaten: Forellen, Salz, Pfeffer, Mehl, Brot, Schinken, Sahne, Petersilie, Zitronensaft.

Zubereitung: Die frischen Forellen würzen (an der Innenseite) und von außen in Mehl runddrehen. Die Forellen in einer Pfanne mit Butter braten, nicht braun werden lassen, und Salz und Pfeffer hinzufügen.

Das Brot und den Schinken in kleine Würfel schneiden und diese kurz in der Pfanne backen. Den Fisch mit Schinken und Brot bedeckt in eine Schüssel legen. Das restliche Fett aus der Pfanne mit Sahne mischen und über die Forellen verteilen. Anschließend noch einige Tropfen Zitronensaft und etwas Petersilie hinzufügen.

Die Ostkantone von A bis Z

Adressen der Verkehrsvereine

Der Dachverband, das Verkehrsamt der Ostkantone, befindet sich in der Mühlenbachstraße 2 in 4780 Sankt Vith. Telefon: 080/22.76.64. Fax: 080/22.65.39. Hier bietet man Ihnen sämtliche nützliche Informationen, Broschüren, Arrangements, Informationen bezüglich Kultur- und Ökotourismus, Hotellisten, kulturelle und sportliche Veranstaltungen.

Es gibt in den Ostkantonen 31 örtliche Verkehrsvereine. Nachfolgend ihre Adressen und Telefonnummern:
Telefonnummer aus dem Ausland: 003280/....

Amel (4770) – Montenau 26 – Tel. 080/34.93.88
Born (4770) – Burgstraße 59 – Tel. 080/34.03.1
Büllingen (4760) – Malmedyer Straße 319 – Tel. 080/64.72.13
Burg Reuland/Ouren (4790) – Kulturhaus Tourist Info – Tel. 080/32.91.31
Bütgenbach (4750) – Worriken 1 – Tel. 080/44.63.58
Crombach (4780) – Klosterstraße 38 – St. Vith – Tel. 080/22.77.62
Elsenborn/Nidrum (4750) – Feldstraße 29 – Nidrum – Tel. 080/44.62.54
Eupen (4700) – Marktplatz 7 – Tel. 087/55.34.50
Eynatten (4731) – Schöne Aussicht 18 – Tel. 087/85.15.30
Faymonville (4950) – Rue Nouvelle 1 – Tel. 080/67.90.02
Hauset (4730) – Fossei 64 – Tel. 087/65.99.54
Heppenbach (4770) – Dorf 82 – Tel. 080/34.99.42
Herbesthal (4710) – Kirchstraße 28 – Tel. 087/88.04.86
Hergenrath (4728) – Korsostraße 6 – Tel. 087/65.95.15
Kelmis/La Calamine (4720) – Patronagestraße 3d – Tel. 087/65.84.34
Ligneuville (4950) – Grand Rue 59 – Tel. 080/57.01.22
Lommersweiler (4783) – Dorf 11 – 080/22.71.44
Lontzen (4710) – Mühlenweg 29 – Tel. 087/65.26.29
Malmedy (4960) – Place du Châtelet – Tel. 080/33.02.50
Manderfeld (4760) – Dorf 83 – Tel. 080/54.81.63
Meyerode (4770) – Dorf 75 – Tel. 080/54.84.67
Raeren (4730) – Hauptstraße 129 – Tel. 087/85.12.18

Recht (4780) – Burg 2 – Tel. 080/57.08.11
Robertville (4950) – Rue Centrale – Tel. 080/44.64.75
Rocherath/Krinkelt (4761) – Krinkelt 62 – Tel. 080/64.76.63
Schönberg (4782) – Dorf 133 – Tel. 080/54.85.40
St. Vith (4780) – Hauptstraße 7 – Tel. 080/22.86.63
Weismes (4950) – Fagnoux 28 – Tel. 080/67.90.52
Walhorn (4710) – Johberg 47 – Tel. 087/85.06.27
Weywertz (4750) – Champagner Straße 2 – Tel. 080/44.68.70
Wirtzfeld (4760) – Dorf 62 – Tel. 080/64.75.01

Aktivurlaub

Alle Informationen für einen aktiven Familienurlaub in den Ostkantonen werden in der praktischen Broschüre 'Sommer-Urlaub Aktiv-Urlaub' gebündelt. Diese Broschüre ist erhältlich beim Verkehrsamt der Ostkantone. Auch für die Wintersaison erscheint eine ähnliche Broschüre.

Autorundfahrten

Das Verkehrsamt der Ostkantone hat drei Autorundfahrten zusammengestellt für all diejenigen, die die Ostkantone mit dem Wagen entdecken wollen. Diese Rundfahrten führen Sie entlang der wichtigsten Sehenswürdigkeiten. Die erste Rundfahrt 'Burgenroute im Dreiländereck' zieht durch den nördlichsten Teil der Region. Die Rundfahrt hat eine Gesamtlänge von 79 Kilometer und startet und endet in Kelmis. Sie führt über Hergenrath, Eynatten, Raeren, Walhorn, Astenet, Lontzen, Moresnet, Voeren, Gemmenich und zurück nach Kelmis.

Die zweite Rundfahrt 'Venn- und Seenroute' ist 149 Kilometer lang. Start und Ziel liegen in Malmedy. Diese Rundfahrt führt unter anderem über Mont Rigi, Baraque Michel, Eupen, Monschau (Deutschland), Kalterherberg, Elsenborn, Robertville, Weywertz, Bütgenbach, Wirtzfeld, Rocherath, Büllingen, Amel, Faymonville, Weismes, Montenau, Recht, Ligneuville zurück nach Malmedy.

Die dritte Rundfahrt 'Ourtalroute' mit Start und Ziel in Sankt Vith, hat eine Gesamtlänge von 108 Kilometer und führt über Wallerode, Amel, Heppenbach, Honsfeld, Büllingen, Buchholz, Manderfeld, Schönberg, Lommersweiler, Reuland, Weweler, Ouren, Weiswampach (L), Wemperhardt (L), Oudler, Thommen und Crombach zurück nach Sankt Vith.

Ausführliche Streckenbeschreibungen gibt es beim Verkehrsamt der Ostkantone. Eine vierte Rundfahrt 'Delicatessenroute' ist in Vorbereitung.

Charme-Hotels

Die Bezeichnung 'Charme-Hotels' gruppiert eine Reihe Hotels in den Ostkantonen. Die 'Charme-Hotels' sind familienfreundlich, etwas kleinere, aber dafür umso gemütlichere Hotels, die durch ihre natürliche Umgebung eine besondere Atmosphäre zu bieten haben. Die Hoteliers bemühen sich um einer herzliche Atmosphäre und einen persönlichen Empfang, neben einer ausgezeichneten Küche. Die 'Charme-Hotels' gruppieren Hotels in verschiedenen Preiskategorien. Sie entsprechen unterschiedlichen Komfortansprüchen, jedoch immer zu interessanten Preisen. Die Broschüre 'Charme-Hotels' ist erhältlich beim Verkehrsamt der Ostkantone.

Delicatessen

Alle Spezialitäten der Region wurden in der interessanten Broschüre 'Delicatessen' gruppiert. In dieser Broschüre werden die Spezialitäten beschrieben und Adressen angeführt, wo sie erhältlich sind.

Mountain-Bike

Die Ostkantone gelten als Paradies für Mountain-Biker. Das Verkehrsamt der Ostkantone will jedoch darüber wachen, daß das Mountain-Biking auf guten Wegen geführt wird, damit die Natur nicht zu sehr unter diesem an Popularität gewinnenden Sport zu leiden hat. In Zusammenarbeit mit den örtlichen Radsportvereinigungen wurden inzwischen bereits 600 Km Mountain-Bike-Strekken ausgearbeitet. Diese Strecken führen hauptsächlich über Wald- und Feldwege, weit weg vom Straßenverkehr. Es wurde außerdem ein Verhaltenscode für 'Fair Play Biker' festgelegt. Dieser läßt Radfahren auf den anerkannten Mountain-Bike-Strecken in beiden Richtungen zu und verbietet das Querfeldeinfahren im Wald, sowie das Befahren von blau-weiß markierten Wegen. Die Verkehrsvereine verkaufen übrigens 'bike pass'-Aufkleber. Indem der Mountain-Biker diesen Aufkleber erwirbt, zeigt er, daß er die örtlichen Bestimmungen befolgen wird wie ein verantwortungsvoller und naturbewußter Biker. Die Beiträge werden zum Unterhalt und der Beschilderung der Strecken verwendet. An verschiedenen Orten in den Ostkantonen können Mountain-Bikes gemietet werden. Das Verkehrsamt der Ostkantone veröffentlichte auch eine 'bike box'. Sie umfaßt 62 Streckenkarten, ein Bike-Book und den Bike-Paß. Für Radfahrer ist zur Zeit übrigens eine wunderbare Strecke in Vorbereitung, quer durch ein herrliches Stückchen Natur, zwischen Sankt Vith und Weismes auf der ehemaligen Eisenbahnlinie. Entlang dieser Strecke werden an verschiedenen Stellen Informationsschilder über die Natur und die Landschaft angebracht werden, um den naturbewußten Radfahrer zu informieren. Nähere Informationen: Verkehrsamt der Ostkantone.

Naturreisen

Beim Verkehrsamt der Ostkantone ist ebenfalls die Broschüre 'Naturreisen Hohes Venn-Eifel' erhältlich. Sie bietet Ihnen die Möglichkeit, verschiedene Pauschalangebote in Anspruch zu nehmen: Wandern, Radfahren, Kinder- und Familienreisen sowie Bildungsreisen im Naturpark Hohes Venn-Eifel.

Freizeittelefon

Das Verkehrsamt der Ostkantone hat eine Telefonlinie, über die Tag und Nacht aktuelle Informationen zum Veranstaltungsgeschehen in den Ostkantonen abrufbar sind. Tel. 080/22.74.74.

Sport

Reiten, Golf, Minigolf, Angeln, Wassersport, Tennis, Federball, Squash, aber auch Fallschirmspringen, Drachenfliegen, Rafting, Kajak und andere Sportarten sind möglich in den Ostkantonen. Für nähere Informationen wende man sich an die örtlichen Verkehrsvereine und das Verkehrsamt der Ostkantone.

Zug

Sie können selbstverständlich auch mit dem Zug die Ostkantone besuchen. Eupen hat einen Bahnhof (087/74.20.29),von wo aus Sie mit Linienbussen weiterreisen können. Sie können jedoch auch bis Verviers Central (087/33.16.14) fahren und von dort aus Ihre Reise fortsetzen.

Wandern

Wandermöglichkeiten gibt es in den Ostkantonen in Hülle und Fülle. Die meisten Wanderwege beginnen in einem Dorfkern und bringen Sie zu den schönsten Ecken der Umgebung. Zahlreiche Wanderwege führen durch den Wald, der sich in den Ostkantonen auf über 40.000 Hektar erstreckt. Das Verkehrsamt der Ostkantone und die örtlichen Verkehrsvereine halten sämtliche nützliche Informationen sowie Wanderkarten für Sie bereit.

Schwimmbäder

Neben verschiedenen Freibädern gibt es überdachte, öffentliche Schwimmbäder in Bütgenbach, Eupen, Kelmis, Sankt Vith und Wirtzfeld. Zusätzlich verfügen verschiedene Hotels über private Bäder.

Wanderungen

WANDERUNG I: RUND UM KELMIS (II KM). Kelmis gilt als die Perle und Einkaufszentrum des Göhltals im Dreiländereck schlechthin. Der 'Casino Weiher' ist der Ausgangspunkt für die elf Kilometer lange Wanderung. Wenn Sie den Schildern 'VV Kelmis – SI La Calamine' folgen, finden Sie schnell die gesuchte Strecke.

Am Casino Weiher gehen wir rechts vorbei. Kurz danach erreichen wir den Weg, der zur Eyneburg führt. Sobald wir die kleine, schmale Brücke verlassen haben, gehen wir nach links, vorbei am Casino Weiher, der an unserer linken Seite liegt. Nach einiger Zeit erreichen wir eine Trinkwasserpumpstation, an der wir rechts vorbei gehen. Wir erreichen eine Treppe, die uns zur Altenbergerstraße führt. Achten Sie auf den dichten Verkehr! Wir überqueren die Straße und begeben uns nach links. Nach kurzer Zeit kommen wir zum Tüljebach.

Etwas weiter sehen wir das Göhltalmuseum. Kurze Zeit später erreichen wir die Lütticher Straße, die wichtigste Verkehrsader, die durch Kelmis führt. Achten Sie auch hier auf den Verkehr!

Am linken Straßenrand steht ein schmiedeeisernes Kreuz. Wir passieren das Kreuz in Richtung deutsch-belgische Grenze. Gehen Sie auf dem Bürgersteig. Am ehemaligen belgischen Zollbüro angekommen, gehen wir nach links und erreichen den Platzegel. Hier steht ein altes hölzernes Kreuz und einige Schritte weiter stoßen wir auf ein altes Steinkreuz aus dem Jahre 1911. Unsere Wanderung führt nun in Richtung Waldweg. Kurze Zeit später bemerken wir einen idyllisch gelegenen Campingplatz. Diesen lassen wir an unserer linken Seite liegen und erreichen dann den Wald. Wir verlassen den Campingplatz, gehen nach links und nehmen den zweiten Waldweg. Wir spazieren einige Zeit durch den Wald. Beim Verlassen des Waldes biegen wir links in die Klothstraße ein. Wir folgen diesem Weg und kommen an einen Fußballplatz, wo wir nach rechts gehen, um durch den Weiler Ruhr wieder den Aachener Wald zu erreichen. Am Wald biegen wir links ab und gehen weiter nach Vossölder. Nach einem kurzen

Spaziergang sehen wir ein Haus mit rotem Giebel. Hier gehen wir nach links in den Brandenhövel bis wir auf die Moresneter Straße treffen. Hier ist wieder dichter Verkehr!

Wir überqueren die Moresneter Straße und erreichen den Bauweg. Diesem Weg folgen wir und können rechts die große Eisenbahnbrücke von Moresnet bewundern. Nach kurzer Zeit erreichen wir die Kreuzung Bauweg-Bachstraße. Dort sehen wir ein Steinkreuz mit dem Bild des Heiligen Thadäus. Wir überqueren die Kreuzung und folgen dem Bauweg bis zur Parkstraße. Hier gehen wir nach rechts. Wir überqueren die Kreuzung Heidedriesch und nach etwa 100 Meter gehen wir in Richtung Hagenfeuer-Krickelstein. Kurze Zeit später erreichen wir die dichtbefahrene Lütticher Straße. Dort gehen wir nach rechts, über die Göhlbrücke und anschließend in Richtung Country Club. Dieser Straße folgen wir etwa 300 Meter und sehen dann links die Rochuskapelle aus dem Jahre 1646,vor der sich eine alte Linde befindet. Wir gehen an der Kapelle vorbei, über eine schmale Brücke und erreichen nach kurzer Zeit eine andere schmale Brücke, die wir überqueren, um so wieder die Lütticher Straße zu erreichen. Wir biegen rechts ab und erreichen dann wieder unseren Ausgangspunkt, den 'Casino Weiher'.

WANDERUNG 2: RUND UM DEN BÜTGENBACHER SEE (10 KM). Bütgenbach ist einer der touristischen Anziehungspunkte der Ostkantone. Hier können Wanderer nach Herzenslust auf sage und schreibe 300 Kilometer Wanderwege spazieren. Einer der schönsten Wege führt rund um den See.

Als Ausgangespunkt wählen wir das Empfangsgebäude des Campingplatzes in der Nähe des Banhnhofes der Vennbahn. Dort können Sie gratis parken. Die Wanderstrecke wurde durch gelbe Hinweisschilder mit der Aufschrift 'Belgische Nordeifel Nr. 1' ausgeschildert.

Sie spazieren zirka zwei Kilometer auf einer breiten ehemaligen Eisenbahnlinie Richtung 'Plattscheiderwald'. Über eine Entfernung von 400 Metern ziehen Sie durch eine zehn Meter tiefe Schlucht. Dazwischen haben Sie links eine Aussicht auf das Sportzentrum und rechts auf den sogenannten 'kleinen See'. Sie verlassen die alten Gleise und gehen einen schmalen Betonweg entlang, an den Chalets vorbei. Sie wandern am Seeufer bis zum Tannenholzstapelplatz Plattscheid, wo Sie bis zur Wirtzfeldburg durchwandern. Dort folgen Sie 100 Meter der asphaltierten Straße Bütgenbach-Wirtzfeld. Biegen Sie anschließend links ab, dann erreichen Sie eine ehemalige Sand- und Steingrube. Von nun an veräuft der Weg meist durch den Wald. Ein schmaler Pfad führt abwechselnd auf und ab. Links sehen Sie den See, rechts den Wald mit zwanzig Meter hohen Tannen. Sie erreichen schon bald die Stelle, wo die frühere Holzwarche in die Warche mündete. Hier sehen Sie zwei große Bacharme nach links und rechts strömen. Nun verlassen Sie kurz das Waldgebiet. Rechts im Hintergrund befindet sich das Feriendorf Mühlenburg. Ein hohler Feldweg führt bergab ins Holzwarchetal. Einmal an der Brücke vorbei, biegen Sie links ab. Anschließend gehen Sie über eine Wiese und erklimmen eine recht steile Böschung. An Kilometer 7 können Sie auf einer Bank an einem Felsvorsprung ausruhen. Von hier aus haben Sie eine wunderschöne Aussicht auf die 50 Meter tiefer im Tal fließende Holzwarche.

Nach der Ruhepause erwartet Sie eine etwas schwerer, aber kurzer Weg hinab bis an den See. Wiederum führt der Weg durch den Wald. Vier kleine Bäche fließen in den See. Sie bereiten aber kein Problem und können bequem über stabile Brücken überquert werden. Am Seeufer können Sie sehen, wie einige Angler ihr Glück versuchen.

Sie befinden sich gegenüber 'Gibraltar', wo 45 pyramidenförmige hölzerne Chalets erbaut wurden. Rechts sehen Sie die Ferienwohnungen des Weilers Kohnenbusch. Nach etwa 300 Meter erreichen Sie den Strand von Berg, der vor allem in den Sommermonaten sehr beliebt ist.

Es bleiben noch ein paar hundert Meter bis zur Staumauer. Diese ist 140 Meter lang und 25 Meter hoch. Sie wandern am Häuschen des ehemaligen Aufsehers vorbei und biegen links in einen schmalen, aber romantischen Pfad ein, die sogenannte 'Liebesallee'. Wiederum führt die Wanderung durch den Wald, bergauf und -ab. Schnell erreichen Sie dann wieder den Campingplatz, unseren Ausgangspunkt. Sie können diese Wanderung bequem in 3 bis 4 Stunden bewältigen. Auch bei Regenwetter benötigen Sie kein spezielles Schuhwerk. Damenschuhe mit hohen Absätzen sind jedoch abzuraten.

WANDERUNG 3: OUREN-WEWELER-REULAND-LASCHEID-RICHTENBERG-OUREN (16,9 KM). Diese Wanderung (als Wanderweg 6 angezeigt) beginnt im Dorf Ouren, am Dreiländereck Belgien-Deutschland-Luxemburg. Hier sind das Europadenkmal und die Peterskirche einen Besuch wert. Sie folgen vom Ortskern Ouren der Hauptstraße durch das Ourtal nach Oberhausen, Stoubach, Weweler und Reuland bis zum Dorfende (Garage Weidner-Wangen). Hier biegen Sie links ab. Eine Brücke führt Sie über die Ulf (ein Seitenflüßchen der Our).

Folgen Sie hinter dem abgebauten Gleisdamm der Eisenbahnlinie Sankt Vith – Ulflingen, dem asphaltierten Weg, der bergauf führt. Etwa 200 Meter rechts haben Sie eine schöne Aussicht über Reuland. Etwas weiter rechts haben Sie eine Panoramasicht auf Lascheid. Nach einem Kilometer steht links eine Bank. Dort sehen Sie rechts am Horizont die Häuser von Thommen und Oudler. Links schauen Sie nach Deutschland. Nach zirka zwei Kilometer bemerken Sie links ein Kreuz und eine Bank. An der Kreuzung können Sie rechts abbiegen zum Dorf Lascheid. Wir raten die längere Strecke längs der asphaltierten Straße in Richtung Richtenberg an. Der Weg führt steil bergab und nach einer scharfen Linkskurve sehen Sie einen schönen Bauernhof und etwas weiter in einem

Feld eine wunderschöne alte Eiche. Richtenberg gilt als einer der ruhigsten Weiler der Gemeinde Burg Reuland. Verlassen Sie nun die asphaltierte Straße und gehen Sie weiter bergab einem Feldweg entlang, wo Sie den Federbach überqueren.

Rechts steht eine Bank. Der Weg führt stark bergauf und geht durch den Wald. Auf der Kuppe steht links eine Blockhütte. Rechts erkennen Sie das Dorf Leithum. Folgen Sie dem Weg geradeaus nach Ouren. Sie kommen an zwei Grenzsteinen vorbei. Hier geht der Weg steil bergab nach Ouren. Links haben Sie eine Aussicht auf Deutschland. Sie folgen der Hauptstraße nach rechts, Richtung Ouren, bis zu Ihrem Ausgangspunkt.

In sieben Etappen quer durch die Ostkantone

Für diejenigen, die die Ostkantone wandernd durchqueren wollen, stellen wir hier eine Wanderwoche vor, die in sieben Etappen quer durch Ostbelgien führt.

ERSTE ETAPPE: BOSFAGNE – MALMEDY (21 KM). Die Wanderung, gekennzeichnet durch GR 56, beginnt in Bosfagne, in der Nähe der Jugendherberge Ovifat. Bosfagne, rund 600 Meter über dem Meeresspiegel gelegen ist, eine der höchstgelegenen Ortschaften unseres Landes.

Die Wanderung führt Sie an den Skipisten von Ovifat und den schönen Tälern von Ghanster, Bayehon und Warche vorbei zur Burg Reinhardstein. Hinter der Burg gehen Sie rechts bergab und folgen dem Lauf der Warche bis in Malmedy. Die Strecke ist sehr hügelig.

ZWEITE ETAPPE: MALMEDY – SANKT VITH (26 KM). Sie nehmen weiterhin die GR 56 und verlassen Malmedy Richtung Baugnez. Diese Etappe beginnt mit der Steigung von Floriheid. Von hier aus genießen Sie eine prächtige Aussicht auf die Stadt Malmedy. Die Strecke führt entlang von ländlichen, teils bewaldeten Wegen bis nach Ligneuville. Nachdem Sie durch das Ameltal die Kapelle von Pont erreichen, geht es weiter über die Hochebene nach Sankt Vith. Bevor Sie dort ankommen, erreichen Sie zuerst noch Recht. Von hier aus führt die Strecke durch den Wald. Auch diese Etappe ist sehr hügelig.

DRITTE ETAPPE: SANKT VITH – BURG REULAND (15 KM). Die GR 56 führt uns in dieser dritten Etappe nach Burg Reuland. Den Ort erreichen wir entlang der Hochebene von Galhausen. Diese ländliche, hügelige Strecke führt durch das Tal von Neidingen, Hasselbach und Bracht und dauert ungefähr 3.30 Stunden.

VIERTE ETAPPE: BURG REULAND – MANDERFELD (29 KM). Die längste Etappe geht von Burg Reuland zum 3 Kilometer weiter gelegenen Steffeshausen, wo die GR 56 dicht an der deutschen Grenze vorbei läuft. Während einem Kilometer befinden Sie sich auf deutschem Grundgebiet. Der erste Teil der Wanderung führt durch das Ourtal. Nach diesem flachen Teil kommen einige Steigungen und Abgründe. Über Alfersteg, Amelscheid und Schönberg gelangen Sie nach Herresbach. Der Weg führt nun entlang des Bächleins Medenbach und endet leicht steigend in Manderfeld.

FÜNFTE ETAPPE: MANDERFELD – BÜTGENBACH (24 KM). Sie folgen weiterhin den Schildern GR 56. Von Manderfeld aus besuchen wir zuerst die Quellen der Amel. Unser Weg führt durch eine hügelige Landschaft über den Hügel von Frankenbach nach Buchholz. Über einen schönen Pfad erreichen Sie Honsfeld und die Quellen der Amel. Entlang einer bequemen Strecke geht es anschließend nach Büllingen, wo Sie dem Weg rund um den Bütgenbacher See bis ins Dorfzentrum folgen.

SECHSTE ETAPPE: BÜTGENBACH – BOSFAGNE (23 KM). Die GR 56 geht von Bütgenbach über Nidrum zu den Mühlen von Weywertz. Am charmanten Dörfchen Champagne vorbei erreichen Sie Robertville und seine Staumauer. Diese Straße läuft meist über ländliche Wege. Sie erreichen nun wieder die Gegend um die Burg Reinhardstein. Zwischen zwei Felsblöcken müssen Sie dann rechts abbiegen, um ein Stück in Richtung Eupen zu wandern. Bis in Bosfagne kommen Sie auf diesem Weg durch verschiedene Talkessel, wie die von Warche-Bayehon, Bayehon und Ghanster. Über die Hochebene erreichen Sie schließlich Ovifat.

SIEBTE ETAPPE: BOSFAGNE – EUPEN (24 KM). Das letzte Stück der GR 56-Wanderung führt Sie durch das Hohe Venn zum Signal de Botrange, von wo aus Sie dem Weg bis in Eupen folgen können. Durch das Naturreservat des Hohen Venns und durch das schöne Hilltal erreichen Sie schließlich den Hertogenwald.

Die ausführliche Beschreibung dieser siebentägigen Wanderung finden Sie im Topoführer GR 56 (Ostkantone). Nähere Informationen über diese einmalige Tour erhalten Sie beim Verkehrsamt der Ostkantone.